AVEC LES OURS

Collection
« Nature nomade »

ISBN : 978-2-36157-315-7
Dépôt légal : septembre 2023

Édition d'origine : Actes Sud, 1998

Collection : « Nature nomade »
Saisie et mise au point : Marc Alaux
Relecture et mise en pages : Émeric Fisset
Couverture : Vincent Turhan

Transboréal
23, rue Berthollet – Paris v^e^
tél. : 01 55 43 00 37
contact@transboreal.fr – www.transboreal.fr

Valentin PAJETNOV

AVEC LES OURS

avant-propos et traduction du russe
par Yves Gauthier

ÉDITIONS TRANSBORÉAL
48° 50' N. * 2° 20' E.

L'AUTEUR

Né à Kamensk, sur les rives du Donets, en 1936, Valentin Pajetnov a vu sa vie transformée par les ours. Durant son enfance, la nature et le monde sauvage le détournent des bancs de l'école, qu'il quitte précocement pour exercer divers métiers. Désireux d'approfondir ses connaissances éthologiques, il se lance, après son service militaire aux confins de l'Extrême-Orient russe et une vie de trappeur sur le fleuve Ienisseï, dans l'étude de terrain de l'ours brun. En 1985, dans le prolongement de ses précédents travaux, il réinvestit avec sa famille un village abandonné du plateau du Valdaï, aux sources de la Volga, Boubonitsy, pour y fonder une station biologique baptisée « Forêt pure ». Son but : pousser plus loin l'étude des ours en les côtoyant et mettre au point une méthode de raccompagnement des oursons orphelins à la vie sauvage. Auteur de nombreux livres scientifiques ou grand public et d'une autobiographie traduite en français par Yves Gauthier sous le titre *L'ours est mon maître* (2016), Valentin Pajetnov s'est éteint en 2021 au bord d'un lac qu'il affectionnait, alors qu'il était parti pêcher aux environs de Boubonitsy.

AVANT-PROPOS DU TRADUCTEUR

Attention : ours ! Dans le code de la route, on appelle cela un signal de danger : un triangle rouge avec un dessin au milieu – écolier, vache, verglas, chute de pierres. Or là… un ours ! Le panneau est planté au bord de la piste qui mène au village de Boubonitsy, plateau du Valdaï, région de Tver, Russie. Ici, au milieu des bois, Valentin Pajetnov a inventé une méthode de cohabitation entre humains et plantigrades. Étrange paradoxe que d'y voir des hommes montrer à des ours inquiétés par la présence humaine les chemins de leur salut par le retour à la nature sauvage. Le livre qu'on va lire nous fait vivre cette initiation en nous promenant par ces chemins-là.

Homme des bois et grand biologiste, tel est Valentin Pajetnov (1936-2021). Il sort d'une enfance buissonnière par la mauvaise route en fréquentant la gent voyoute ; mais la nostalgie de la forêt le remet sur la bonne voie : pourquoi brigander quand « la nature est là qui t'invite et qui t'aime » ? Cette citation de Lamartine n'est pas saugrenue ici, car le mauvais garçon se gave très tôt des meilleures lectures, et le voilà déjà qui se départit du « mauvais ». Pour toujours.

Avec son âme de Jack London, il répond à l'appel de la forêt et s'établit comme trappeur en Sibérie sur le fleuve Ienisseï, mais la chasse a deux défauts : elle tourmente la conscience et apporte moins de connaissances qu'on ne le croit sur la nature. Il faut donc se mettre aux études. L'homme raccroche son fusil, quitte la Sibérie pour la Russie européenne et prend le chemin de l'école. Instruction générale (brevet du secondaire), puis supérieure (ingénieur des chasses), puis doctorat en biologie à Moscou. Il jette alors son dévolu sur la Réserve forestière naturelle de Russie centrale avec l'ours pour objet d'observation. Il est permis d'ajouter : de contemplation, de méditation, d'admiration.

Son idée est d'une audace inouïe : Valentin remplacera la mère ourse, souvent tuée à la tanière – l'interdiction de cette chasse hivernale n'ayant été prononcée qu'en 2011 –, pour élever une portée d'oursons en courant les bois, les sous-bois, les clairières et les rivières – printemps, été, automne... jusqu'à la tanière hivernale, et retrouvailles l'année d'après. Il veut tout savoir, tout étudier, tout comprendre. Il embrasse la forêt comme personne avant lui.

Une chose est de le vivre, autre chose est de l'écrire. Or, un grand-reporter animalier admiratif de l'homme-ours, Vassili Peskov, incitera Valentin à prendre la plume. Beaucoup de livres importants existent dans le monde parce qu'on a dit « Écris ! » à des écrivains qui s'ignoraient. À quoi il convient d'ajouter que la nature est pour ainsi dire par nature un excellent atelier d'écriture en ce qu'elle est à la fois esthétique et dramatique et qu'elle réunit par là même les composants obligés d'un récit. Observation, acuité, subtilité, toutes les qualités qu'elle requiert sont aussi celles d'une plume exigeante.

Avec les ours est le récit des premiers pas. Il est paru à Moscou en 1985 (première traduction française en 1998, éd. Actes Sud), et sera maintes fois réédité. D'autres livres viendront plus tard, finalement auréolés par *L'ours est mon maître* (Transboréal, 2016), narration autobiographique chef-d'œuvrale où Valentin Pajetnov considère la nature de si près qu'on en sort pénétré comme jamais (l'on n'en sort pas en vérité), et voici venu le moment où l'auteur du présent hommage doit dire je : j'ai traduit du russe en français plusieurs dizaines d'ouvrages, mais à lui seul *L'ours est mon maître* suffirait à justifier tous mes efforts. Pajetnov a découvert le point de concorde entre les mondes humain et sauvage ; il a découvert le moyen de briser la dépendance des ours vis-à-vis des hommes et de les rendre libres au naturel ; il a trouvé un mode narratif original ; et tout cela avec une simplicité confondante. On connaît la question : quel livre emporteriez-vous sur une île si ?… Ma réponse est *L'ours est mon maître*. Mais il faut commencer par *Avec les ours*.

Chose rarissime en Russie, pays tourmenté, Valentin a vécu heureux. Et j'ai toujours regardé son village de Boubonitsy, dédié à l'étude de l'ours, comme une école du bonheur. Même la mort l'a pris sous un ciel magnifique au bord d'un petit lac enchanteur où il aimait à pêcher, tranquille, dès que l'aube y allongeait ses feux couleur d'icône russe.

Yves Gauthier, Valloire-sur-Cisse (Loir-et-Cher), avril 2023.

PROLOGUE

Jamais je n'ai connu l'histoire de ma famille du côté paternel. Et je ne la connaîtrai jamais. Je suis né et j'ai grandi en un temps où il valait mieux ne rien connaître de son passé. Un jour, je me suis sauvé de l'école (ce n'était pas la première fois) pour vivre une semaine entière en ermite dans la forêt. J'avais alors 11 ans. Je pouvais construire une cabane, pêcher du poisson, cueillir des plantes comestibles, chasser des oiseaux avec un arc de fortune. Je savais me débrouiller dans les bois en toute indépendance, ce qui était pour moi, à cette époque, le comble du bonheur. Enfin, fleurant l'odeur des feux de camp, je me suis montré chez moi. Mon père m'a fait asseoir à ses côtés et, après un silence savamment dosé, m'a parlé de mon grand-père. Oui, mon aïeul aimait comme moi la forêt, mais au moins avait-il fait l'effort de se cultiver et de chercher à comprendre les autres, de penser à sa famille. Je devais en prendre de la graine, bon sang ! et tâcher de m'assagir un peu. Je voyais bien que mon père ne croyait guère en mes capacités intellectuelles, mais je n'en avais cure. Je n'ai compris que bien des années plus tard ce que mes parents avaient dû souffrir quand leur fils, un gamin encore, disparaissait plusieurs semaines durant sans jamais donner de ses nouvelles. À mon tour maintenant d'être grand-père. Mes enfants m'ont fait grâce de subir pareils tourments, mais la forêt est devenue le lieu d'habitation, de travail et de vie de toute ma famille.

On me disait à part. J'étais têtu souvent ; égoïste jamais. Mes parents m'encourageaient à jouer avec les jeunes de mon âge. La maison était pleine des gosses du quartier. Il y avait un petit hangar au fond d'une arrière-cour, qui n'a pas tardé à intéresser tous les gens du coin. J'y élevais un grand duc, des fauconneaux, un pivert multicolore, des pies et des étourneaux que j'avais pris au nid. Un jour, des copains m'ont apporté un renardeau au poil hérissé à demi brûlé, aux yeux effarouchés. Un an plus tard, c'était un beau renard au pelage splendide. Je l'avais baptisé Goupil, tout simplement. Je le sortais en fin de soirée. Pourquoi si tard ? Les gens du voisinage, qui avaient des poules, n'appréciaient guère la présence de Goupil, ni la mienne par la même occasion. Jamais pourtant mon renard n'avait saigné la moindre poule ni le moindre canard. Mais un jour, à la fin de l'automne, quelqu'un a tiré sur Goupil qui batifolait la nuit, derrière les hangars, à travers un terrain vague. J'avais laissé ouverte la porte de son petit enclos : il était sorti chasser les souris. Longtemps j'ai cru sentir le poids oppressant de quelqu'un qui me marchait sur le corps.

J'ai quitté l'école au beau milieu d'une année scolaire, par suite de je ne sais plus quelle entourloupette faite au directeur. Je n'avais pas encore l'âge de travailler, mais mon père a su convaincre la direction de son usine de me prendre comme apprenti menuisier sans régulariser mes papiers jusqu'à mes 16 ans. Je considérais le métier d'ouvrier comme quelque chose d'extraordinairement important, et j'étais fier de passer pour un bleu. Si j'avais choisi menuisier, c'était pour mieux manier la hache le jour où je serais seul dans les bois. Je n'ai jamais pu concevoir ma vie sur terre autrement que dans les bois. Bientôt j'ai vu un soudeur à l'ouvrage. Subjugué par le jeu du feu, j'ai passé de longues minutes à le regarder faire. Quand il s'en est rendu compte, il m'a envoyé promener à renfort de jurons. La nuit fut terrible. Ma mère à mon chevet faisait ce qu'elle pouvait, en vain : une douleur insoutenable me vrillait l'œil. J'avais payé ma curiosité d'une brûlure de la cornée. Le temps passant, j'ai fini par apprendre à fond ce métier de soudeur. Il me plaisait beaucoup. Puis j'ai fait mon apprentissage à la forge, pour apprivoiser le fer incandescent. C'est là que j'ai fabriqué ma première hache. J'ai fait aussi une école de camionneurs. Permis en poche, j'ai roulé quelque temps au volant d'un antique ZIS 5. Après l'armée, j'ai décidé de travailler comme chasseur professionnel dans la taïga sibérienne, du côté de Krasnoïarsk, un choix dicté par mes lectures et mes rêveries sur les cartes de géographie. Au moment où je m'y attendais le moins, j'ai fait la connaissance d'une jolie fille, Svetlana, dont je suis tombé amoureux. Je lui ai dit mes rêves. Notre vie allait être rude, il fallait qu'elle le sache. Nous serions sûrement dans le besoin. Mais c'était oui. Nous sommes donc partis pour la Sibérie. Une fois chasseur, j'ai compris qu'il s'agissait d'un travail comme un autre, qui n'exigeait pas le niveau de communion auquel j'aspirais avec la nature et la forêt. Je me suis rendu à l'évidence que je devais faire des études pour mieux comprendre la vie des bois, pour en approcher l'environnement non pas en consommateur, mais en partenaire à part entière. De Sibérie, nous emportions l'enfant qui venait de nous naître – un garçon –, et l'espoir d'une vie meilleure.

Six ans plus tard j'achevais mes études de biologie. Ma spécialité, ajoutée au titre de garde-chasse, m'autorisait à postuler un emploi dans une réserve naturelle. Le conseil de famille a jeté son dévolu sur le parc forestier de Russie centrale. Nous sommes arrivés en voiture, avec tout notre bric-à-brac. Maintenant, nous étions quatre, depuis la naissance d'une enfant blonde à l'humeur toujours joyeuse, propre sous elle dès le premier jour : Natacha. Il était alors très difficile de trouver où loger. Une vieille femme nous a pris sous son toit comme si nous avions été de la famille. Au bout d'une année passée dans la meilleure entente, on nous a attribué une maisonnette d'une pièce-cuisine. Mais la forêt était là, à notre porte, dense, avec des arbres immenses, une vraie forêt protégée où l'animal n'avait pas connu la nuisance de l'homme et vivait selon ses propres lois comme au temps où les êtres humains ne tuaient encore ni pour la fourrure, ni pour la viande, ni pour le plaisir.

D'abord il m'a fallu remplir toutes sortes de tâches de surveillance du territoire. Le parc avait été fondé en 1931 puis, sur un caprice des plus hautes instances du pouvoir, fermé en 1951. Il n'avait recouvré son statut d'espace protégé qu'en 1960. Entre-temps, le groupe de recherche scientifique – autant dire l'âme de la réserve – s'était dissous, et la nécessité s'imposait de le reconstituer. À la fin des années 1960 une nouvelle équipe était en place. Vivre là n'était pas une sinécure, et les amateurs de « vie au grand air » ne manquaient pas, qui repartaient dare-dare à peine arrivés. Seuls restaient quelques mordus. Mais pour longtemps. Pour toujours. D'emblée les gens du parc m'ont compté comme l'un des leurs. Un heureux hasard m'a fait rencontrer un grand savant éthologiste, le professeur Léonid Krouchinski. Il dirigeait à l'université de Moscou le laboratoire de physiologie et génétique animale de la faculté de biologie. Je n'ai pas tardé à visiter les lieux. L'homme s'était entouré d'une excellente équipe de chercheurs. J'avais l'impression d'entrer dans le Saint des saints. À chaque étage, tous les rayons ployaient sous des masses de littérature spécialisée. J'ai toujours gardé un sentiment de respect et d'immense gratitude pour cet établissement. Les chercheurs du laboratoire, leurs travaux, ma fréquentation des séminaires, les conférences d'éthologie de Léonid Krouchinski et, surtout, mes conversations personnelles avec le professeur ont été pour moi une première école qui devait me marquer jusqu'à la fin de mes jours. Mon maître voyait en moi un « naturaliste en herbe », selon ses propres mots. Je l'ai toujours senti bien disposé à mon égard.

C'était fait, je devenais chercheur à mon tour. Comme objet d'étude, je choisissais l'ours brun. J'avais la capacité de vivre plusieurs jours d'affilée dans la forêt, une faculté cultivée depuis l'enfance et renforcée au cours de mes errances en Sibérie. Je connaissais plutôt bien les mœurs des animaux des bois. L'ours brun n'est pas un objet d'étude facile en milieu naturel. Il mène une existence solitaire et discrète, ce qui rend son observation difficile. Je possédais l'expérience de l'affût et de la chasse à l'ours, mais cette fois il s'agissait d'un sujet de recherche et non plus d'un gibier.

Il est rare qu'on rencontre un ours. L'animal, qui sent toujours l'homme approcher, déguerpit sur-le-champ. On voit alors une empreinte fraîche s'emplir d'un fin filet d'eau : à l'instant même il était là. Parfois on entend un bruissement, voire le grognement du maître des bois. Mais se trouver « nez à nez » reste un événement. À moins que, s'oubliant à gratter une fourmilière ou à goûter des framboises, il ne se laisse approcher. Le plus souvent, c'est le fait d'un ours encore jeune, inexpérimenté. Dès qu'elle vous aperçoit, la bête effarouchée file droit dans les fourrés, faisant tout craquer sur son passage. Il arrive aussi qu'un gros vieux spécimen se laisse surprendre, qui fait le fier et se retire dignement, d'une démarche nonchalante et silencieuse... avant de détaler, à peine entré dans les sous-bois. Il se peut que l'ours semble s'évaporer à la vue de l'homme, *hop !* comme avalé par la forêt.

Ces rencontres sont intéressantes et instructives, encore faut-il mener des observations prolongées. On peut compléter le tableau en suivant les traces de l'ours : empreintes, souches arrachées, fourmilières détruites, arbustes brisés, bêtes saignées par lui, restes alimentaires de végétaux, tanière, etc. Mais les caractéristiques de son comportement ne peuvent être vraiment comprises qu'en situation de contact intime avec une famille de plantigrades.

Raison pour laquelle il fut décidé de récupérer des bébés oursons et d'observer leur évolution dans un cadre proche des conditions de la vie sauvage. C'était une idée audacieuse de Krouchinski, bientôt mise en application par mes soins, sous sa direction. Pendant deux ans, j'ai vécu parmi ces bêtes, et avec elles. Nous avons fait construire à l'orée d'un bois une maison de planches, plus spacieuse. Nos enfants sont allés à l'internat, et nous nous sommes mis à la tâche... Une tâche difficile mais passionnante, dont on va lire le récit.

1.

LA TANIÈRE

Janvier. À l'orée du village, la forêt s'étire derrière une muraille sévère et impénétrable de sapins gratte-ciel coiffés de chapeaux blancs. Un tremble fait bande à part, si gros qu'il faudrait se mettre à trois pour l'embrasser. Il déploie tout en hauteur sa ramure noueuse, d'un gris-vert. Un bouleau se dresse non loin de là, à l'écorce blanche, aux branches effeuillées. Des arbrisseaux épars se perdent parmi tous ces géants, à peine gros comme un bras : sorbiers, tilleuls, érables, sapineaux drus. Çà et là des troncs abattus par le vent encombrent le sol. Si de jeunes arbres poussent à découvert, ils sont pliés jusqu'à terre par la masse lourde d'une neige changée en glace dès le début de l'hiver. Leurs branches s'enchevêtrent pour ne plus former qu'un fourré inextricable. C'est là, entre les troncs, quelque part dans cet énigmatique désordre végétal, ou dans l'inexpugnable enchevêtrement des arbrisseaux, que l'ours brun prend ses quartiers d'hiver.

On perd sa trace à l'automne, vers la fin de novembre, avant même la première neige. Le plantigrade gagne alors sa tanière. Si l'on tombe à l'occasion sur les signes de son passage – ces marques espacées si caractéristiques –, c'est que l'animal s'est attardé dans l'avoine sauvage ou sur la carcasse d'un élan, à moins que, surpris dans son gîte hivernal, il n'ait dû sortir à la recherche d'une nouvelle tanière en laissant à sa suite des empreintes qui le trahissent. Même pris de court par la neige, l'ours s'arrange pour se déplacer pendant ou avant la tempête ; comme toutes les autres bêtes sauvages, il prévoit le temps et ne se trompe que rarement, déjouant ainsi ceux qui le pistent : le manteau blanc efface durablement les traces. Les chasseurs sautent toujours sur l'occasion – exceptionnelle – de traquer la bête sur la neige, en s'aidant de chiens pour localiser la tanière. J'ai dû moi-même procéder de la sorte, mais sur un sol d'automne lavé par les pluies où l'animal avait imprimé sa trace.

Souvent les ours, s'ils ne sont pas dérangés, aménagent leur tanière dans le même coin que l'hiver précédent. Je n'ai jamais observé qu'un animal reprenne sa cache d'une année sur l'autre, bien que cela puisse arriver ailleurs. Il est fréquent qu'un nouveau repaire voie le jour à côté de l'ancien, ce qui facilite les recherches.

Au printemps, on retrouve les tanières vides et les empreintes des ours qui viennent de les quitter. Cela permet d'étudier l'installation du gîte, et le comportement de l'animal à proximité de son trou.

Le plus souvent, les ours montrent le bout de leur nez dans le courant de mars, mais ils ne quittent les lieux qu'à la fin du mois, voire au début d'avril. Aussi les traces sont-elles nombreuses qui permettent d'analyser leur conduite.

Avec le temps, j'ai fini par repérer les lieux d'hibernation de multiples animaux. Mon travail s'en est trouvé facilité d'autant.

Sachant que l'ours prospecte en vue de l'hiver bien avant la première neige, j'ai appris à reconnaître dès l'automne les secteurs fréquentés par lui en me mettant prudemment sur ses traces. Après plusieurs journées passées à fouiller minutieusement les endroits suspects, les pistes, les chemins, les sables ravinés par les pluies, les ruisseaux, je parviens à cerner le lieu probable de son gîte. Si la chance est avec moi et que la bête ne se sent pas traquée, je tomberai sur sa tanière pendant l'hiver à force de ratisser avec un chien les zones inspectées à l'automne. La race laïka est un allié sûr dans ce travail de recherche. Encore faut-il faire la différence entre le chien-chasseur et le chien-chercheur, le premier faisant des morsures violentes qui neutralisent la proie, et le second, plus obéissant, plus mou mais aussi plus opiniâtre, se contentant de la localiser sans l'attaquer, avec des aboiements réguliers interrompus au premier ordre donné. À l'approche de ce chien, l'ours fait le mort. Que le laïka soit rappelé à temps et le plantigrade ne quittera pas sa tanière.

Le mâle de Sibérie occidentale que je possède s'appelle Oumka. Il a le pelage épais d'un noir cendré, et les yeux étonnamment expressifs. Il est docile comme tout, chose rare chez les laïkas. Un « chien à tanière » irréprochable. Jamais je ne l'ai vu hérisser le poil contre un ours, ou refermer sur lui ses mâchoires. Pas un signe de méchanceté contre lui. Quand il tombe sur une tanière, il pousse des aboiements sonores sans s'approcher toutefois à moins de quelques mètres. Au premier appel, il revient à la laisse. Il en aura trouvé, des tanières, dans sa carrière de chien!... Un collaborateur précieux.

Les gîtes sont en surface dans notre région, cachés soit dans des fourrés de sapineaux, soit sous la souche d'un arbre déraciné par le vent. L'ours s'y blottit sans grande protection. Il arrive même qu'on aperçoive à travers un interstice, en s'approchant, une touffe de poil. Si la bête est très dérangée par un chien, elle peut s'extirper et faire mine de sauter dessus avant de regagner son abri. Mais si elle avise un homme, elle risque de s'éloigner de plusieurs kilomètres. Voilà qui n'arrangerait pas mes affaires, évidemment. J'observe donc tout un rituel de précautions: j'approche du côté nord, l'ouverture de la tanière étant le plus souvent tournée vers le sud, et l'ours étant niché face à la sortie; je ne m'avance pas à moins de 30 mètres, en utilisant différentes cachettes. Je tiens compte du sens du vent, de sa force et d'autres détails susceptibles de tout compromettre. Durant ma première année de prospection, j'ai pu repérer cinq tanières, dont deux se sont vidées sur-le-champ, quand leurs occupants ont détalé en m'apercevant; mais les trois autres sont restées pleines, et j'ai pu observer, le printemps venu, les traces de leur séjour et leur « appartement ». J'ai même vu un ours se prélasser sur le seuil de chez lui.

Je pars à la recherche des tanières quand l'hiver est bien avancé et que les bêtes y ont pris leurs aises. Je choisis les jours de grand gel, où leur vigilance est engourdie. Suivant un plan établi d'avance, je ratisse un secteur donné dans tous les sens possibles, puis je passe au suivant.

Dans les fourrés, la marche est incertaine. Parfois, même les skis garnis de peau d'élan n'y peuvent rien et le pied s'enfonce dans le vide entre deux troncs couchés, happant le reste du corps. Alors la neige s'introduit par le col et ses morsures font frissonner. Quant aux congères qui enveloppent les arbrisseaux, elles paraissent infranchissables. Mais comme il faut bien passer par là et que l'espoir d'un coup de chance subsiste, on plonge dans l'enchevêtrement des branches, tout étonné d'en sortir à l'autre bout.

Depuis une semaine, le gel se fait plutôt mordant : 20-25 °C au-dessous de zéro. Je longe à skis une vieille piste vers un secteur reculé de la réserve. Trop profonde, la neige empêche mon chien de gambader à mes côtés. Il se range sur ma trace et, souvent, s'enfonce d'une patte ou de l'autre jusqu'au ventre. Une fois dégagé, il essaie de se maintenir à la surface, les quatre membres écartés, la langue pendante, la gueule haletante, qui happe des bouffées d'air froid. Parfois Oumka cherche à me devancer et s'agrippe au bord arrière de mes skis ; quand je me retourne, il prend un air coupable et gêné, clignant des yeux et bougeant la queue, comme pour me dire qu'il ne l'a pas fait exprès.

Des myriades de flocons minuscules emplissent l'air. Quand ils attrapent un rayon froid du soleil, ils scintillent le temps d'une étincelle. La neige grince sous mes skis comme le collier sec d'un cheval mal harnaché, couvrant les autres bruits. Je marque un arrêt. Un instant encore la forêt me renvoie l'écho de ma marche. Celui-ci retombé, c'est le silence gelé des bois. Loin, très loin, crissent les patins d'un traîneau sous le cri sporadique d'un cocher.

On n'entend pas les mésanges, habituellement si bavardes. Quelque part un pivert s'en prend à une pigne. Mais bientôt il se tait à son tour. Le gel bâillonne son monde. Il est notre allié aujourd'hui, et nous poursuivons notre route.

Une fois parvenus dans le secteur, nous commençons les recherches sans quitter des yeux la boussole, pour ne pas nous dérouter. Pas facile. J'ai bientôt si chaud qu'il me faut plier une partie de mes vêtements dans mon sac. Éreinté, mon chien maintenant me suit plus par solidarité que par devoir de chasse. Je cherche des yeux un endroit où faire un feu : après tant d'efforts, une timbale de thé s'impose. À ce moment, Oumka lève le museau, un coup à droite, un coup à gauche, et se précipite vers trois troncs d'arbre en croix l'un sur l'autre, à une trentaine de mètres de là. Flairant cet abattis, il se met à aboyer d'un ton joyeux, sonore. Une tanière ! Comme je suis à découvert, je me cache derrière un gros tremble en rappelant mon chien. Daignant à peine me payer d'un regard, Oumka continue d'aboyer. Ce long calvaire dans la neige profonde a harassé l'animal. Il en profite pour se détendre un peu. Je dois me fâcher. « Interdit ! » Frisson gêné d'Oumka. Au commandement suivant – « Au pied ! » –, il revient vers moi. La laisse au cou, le chien reste tendu vers le gîte : oreilles dressées, regard pétillant, corps arc-bouté, queue impatiente enroulée sur les reins. Je le caresse, battant doucement en retraite. Au couteau je fais des entailles jusqu'à la borne forestière la plus proche. De là, nous pourrons retrouver la tanière sans encombre. Nous rentrons chez nous à la nuit. Des grappes d'étoiles étincelantes ont déjà envahi la profondeur noire du ciel.

Février s'est tu en ravalant le sifflement de ses tempêtes. La seconde quinzaine de mars offre un temps plus joyeux. Le soleil arrose sans compter les cristaux de la neige. Pins et sapins s'ébrouent, verdoient et font gonfler leurs ramures. Un voile violet s'étire à travers les boulaies. Un saule se met à fleurir au bord d'un ruisseau, dans une clairière qui piège les rayons chauds. Des fleurettes rondes ornées d'un duvet argenté semblent irradier une lumière tiède.

La poudreuse de mars colle tant aux skis qu'il ne sert à rien de les farter. Au printemps, j'y cloue toujours des peaux d'élan. Le gel de la nuit forme une croûte fine sur la neige qui craque sous mon poids avec un tintement de verre brisé. Vers 11 heures, il ne reste rien de la croûte et je peux me mouvoir sans bruit. La neige fondue chuinte sous le patin, se répand comme du gros sel et, changée en eau, finit par tremper le cuir des lanières et des chaussures. J'ai beau savoir qu'il y aura encore de fortes gelées, une bise du nord chargée de flocons, l'humidité envahissante des premières pluies qui pénétrera par toutes les coutures des vêtements, je n'arrive pas à y croire en ce moment, sous les rayons riants du soleil et la brise tiède qui se faufile entre les arbres. C'est le temps où la forêt règle le sort de l'hiver et va au-devant du printemps.

Cet hiver, à une trentaine de mètres de la tanière, j'ai aménagé une cachette derrière le tronc d'un vieux tremble en plantant dans la neige quelques ramures épaisses de sapin. Maintenant, je viens ici chaque jour dès que la croûte a fondu. Je m'installe à l'affût aussi confortablement que possible, avec une paire de jumelles. Je prends bien soin d'ôter mes skis à quelques pas de là, sur lesquels je pose mon fusil de .12 à canon unique, que les hommes de la réserve ont baptisé « le .45 » à cause de sa détonation tonitruante. Je fiche dans la neige au pied du tremble – on ne sait jamais – une hache de chasseur à la lame fine et au manche long.

Au fil des heures passées aux aguets, j'ai eu tout le temps d'observer les arbres voisins, le dessin fantasque de leur écorce, leurs excroissances, la forme tortueuse des branches qui me rappellent des personnages de contes, et chaque fois que je prends mon poste, je les salue en silence comme de vieux amis. Autour des arbres exposés au soleil, la neige fond en anneaux. De là jaillissent, provocateurs, des brins verts d'airelles. Brindilles, branchettes et limbes charriés par le vent se chauffent à la lumière en creusant des petits puits qui les engloutissent. Parfois monte un souffle frais qui agite l'air tiède par vagues, siffle parmi les sapins, souille la neige d'aiguilles mortes et s'échappe en tournant dans les branches. Vers 4 heures de l'après-midi, le soleil descend se coucher. Le gel ressort des buissons bleuis et entreprend de vitrifier la neige affaissée par la chaleur du jour : une nouvelle croûte est en préparation pour l'aube. Je quitte mon abri à la hâte pour ne pas alarmer les ours par le crissement des skis sur la piste gelée.

Dès le deuxième jour d'observation, il m'apparaît clairement que la tanière abrite une ourse et ses petits. Des signes de remue-ménage se manifestent à plusieurs reprises. Une fois, je parviens même à identifier le ronronnement des oursons qui tètent. C'est un bruit très caractéristique, qu'on ne peut confondre avec aucun autre. Pourtant, j'ai beau scruter l'entrée de la tanière, je ne vois rien que du bois pourri piétiné dans la neige et des racines tordues aux extrémités rongées. De temps en temps, j'ai l'impression que quelque chose bouge au fond de l'antre noir, mais impossible de voir quoi. Parfois l'ourse sort de son gîte en déroulant son long corps. Il paraît surprenant qu'une bête aussi énorme puisse entrer par une ouverture aussi petite. Une fois sortie de son trou, l'ourse s'ébroue énergiquement, creuse le dos, s'étire et commence à tendre l'ouïe, la tête tantôt rivée au sol, tantôt tournée d'un côté puis de l'autre, ses oreilles rondes bien dressées. Enfin, assurée de l'absence de danger, elle s'approche du tronc d'un sapin sec à 2 mètres de la tanière et s'assoit face au soleil dans un trou fondu. À la jumelle, je vois distinctement son expression de plaisir et le clignement aveuglé de ses petits yeux. Elle dresse le museau et, détail comique, joue de la truffe qu'elle a noire comme une pomme de terre brûlée pour humer les effluves de la forêt. Au bout de huit à douze minutes, elle se lève, pousse quelques pas nonchalants vers sa tanière, se retourne et disparaît à reculons au fond de son antre.

Onze jours ont passé. Ces quatre derniers jours, je ne suis pas retourné à la tanière parce qu'il souffle un vent du nord et que ma planque est au nord du trou : je crains que mon odeur, plus encore que ma présence, nuise à mes observations. Mais tout indique que le vent du nord va durer, et je me décide à faire un saut à mon poste d'observation.

Une bise humide et froide souffle par rafales en poussant des nuages bas difformes qui crèvent en une soupe de neige et de pluie. La tête engoncée dans le capuchon et les bords du blouson bien serrés, je contemple le ciel morose du fond de ma cachette. Les gouttes omniprésentes pulvérisées par le vent ne cessent de perler aux lentilles de mes jumelles et je n'en finis plus de les essuyer. De guerre lasse, je les range dans leur étui. Par deux fois j'entends monter de la tanière quelque chose comme un gémissement, un semblant d'agitation bientôt absorbé par le bruissement de la forêt. Les oursons sont sages mais je parviens quand même à distinguer leur « miaulement » à une ou deux reprises au fil de ma faction. Quelque chose a changé dans la tanière. L'inquiétude me gagne, mais je suis décidé à tenir mon poste jusqu'au bout. Soudain, une branche craque. Des gerbes de neige volent au-dessus du gîte et, l'instant d'après, je vois sortir la bête. L'ourse semble une boule énorme avec son poil hérissé. Elle fonce dans ma direction en émettant une espèce de grognement. Je bondis. Les ramures de ma cachette ont volé. Sans trop savoir ce que je fais, je brandis ma hache, la plante d'un geste fou dans le tronc du tremble et commence à proférer des choses, un mélange de cris et de paroles oubliés aussitôt prononcés. L'ourse n'est plus qu'à 3 mètres quand elle s'arrête. Alors, soulevant un rideau de neige, elle s'écarte d'une vingtaine de pas. Elle marque un temps d'hésitation. Puis, brusquement, avec un râle diabolique et rauque, elle se jette vers moi. Je n'ai pu distinguer l'expression de son « visage ». Je me rappelle seulement son gros museau mou percé de deux naseaux, et sa lèvre supérieure qui saille en triangle. De nouveau je hurle à gorge déployée en faisant tournoyer ma hache. Est-ce l'effet de ma voix ou de mes gestes, je ne saurais le dire, mais l'ourse recule de 10 ou 15 mètres. Puis elle me contourne et, balayant la neige mouillée de ses pattes, disparaît dans les fourrés.

Les doigts crispés sur le manche de ma hache, je ne pense pas à la reposer. Je jette un œil ironique sur mon fusil, paisiblement couché près de là. Jamais je n'aurais eu le temps de le brandir assez tôt. Je me laisse choir sur les skis en pliant mes jambes engourdies par l'émotion. J'observe la neige brassée par le plantigrade. À défaut de peur, une lourdeur désagréable m'envahit. Je me souviens alors qu'avant l'attaque j'étais occupé à prendre des notes dans mon journal. Le cherchant des yeux, je n'arrive pas à le retrouver. Je finis par le sortir de la neige, détrempé, constatant une fois de plus combien il est important d'écrire au crayon à papier, toujours indélébile. Une fois la dernière page ouverte, je consulte ma montre. Entre l'heure consignée dans mes notes et celle affichée au cadran, il n'y a qu'une minute et demie de différence. L'attaque de l'ourse n'a donc duré que quelques secondes.

D'ordinaire, une ourse dérangée de son gîte abandonne sa portée pour ne plus y revenir, mais je n'y crois qu'à moitié. Tirant deux coups de fusil en l'air à toutes fins utiles, je rentre au camp. Il me faut recouvrer mes esprits et bien réfléchir à la situation.

Au départ, je n'avais pas l'intention de prendre les oursons au nid : il est bien plus simple de les attraper quand toute la famille sort à la lumière du jour. Mais le hasard a joué contre ce plan. Si l'ourse ne revient pas cette nuit, la possibilité s'offrira de capturer des oursons encore inaccoutumés au monde extérieur, ce qui présente un intérêt supplémentaire pour mon expérience. Je décide donc de les recueillir le lendemain : ils sont déjà assez grands comme ça, rien ne leur arrivera cette nuit et la saison des grands gels est passée.

Je dors fort mal. Aux premières lueurs de l'aube, je marche déjà vers le village le plus proche en quête de provisions pour les bébés ours. Une villageoise compatissante, au vu de ma mine défaite, accepte de me donner du lait. Je trouve un biberon sans trop de difficulté. Quant aux tétines, je les obtiens à l'infirmerie quitte à essuyer les plaisanteries de la patronne qui daigne m'ouvrir son établissement avant l'horaire. À midi, je suis sur place. Je déplace ma tente pour la rapprocher de la forêt et l'éloigner de la route où nul ne passe jamais, mais allez savoir... un tracteur pourrait l'emprunter. Je rassemble mes affaires à l'extérieur et construis un abri pour les y ranger avec les provisions. Je prépare du bois, un coin pour le feu, et je fais encore tout un tas de petites choses afin d'éviter plus tard des bruits incongrus aux oreilles des oursons qui pourraient s'en inquiéter. Il est déjà 3 heures passées quand j'arrive enfin en vue de la tanière.

En approchant, je me tiens sur mes gardes. Je commence par décrire un large cercle autour de l'antre et constate la présence d'empreintes sortantes sans empreintes rentrantes. Mais je sais que l'ourse a très bien pu regagner son trou par de vieilles traces d'élan. Fort nombreuses ici, ces empreintes ont fondu au soleil et regelé pendant la nuit, tant et si bien qu'elles peuvent parfaitement soutenir le poids du plantigrade. L'ourse a pu aussi atteindre sa tanière par les troncs d'arbres déracinés qui partout jonchent le sol. J'observe donc longtemps l'antre aux jumelles avant d'en refaire le tour, de très près cette fois. Alors seulement, convaincu que l'animal n'est pas revenu, je quitte mes skis et me mets à quatre pattes pour jeter un coup d'œil à l'intérieur. Une forte odeur d'ours, si caractéristique, me fouette les narines. Peu à peu mes yeux s'habituent à l'obscurité et je finis par distinguer devant moi un sol sale jonché de bois pourri, le tronc à demi rongé d'un bouleau vermoulu qui barre l'entrée du gîte, et, tout au fond, une boule noire en mouvement. Il me suffit de tendre le bras pour que la boule renifle et disparaisse. Rien à faire pour entrer : je ne loge pas. J'entreprends de déneiger la paroi latérale de la galerie pour en extirper les oursons. Après une nouvelle inspection des lieux, je découvre une brèche par laquelle ils sont déjà passés, comme en témoignent, sur la neige, les ronds sales de leurs petites pattes. Je déneige à l'aide d'un ski et tombe enfin sur trois bébés ours qui tremblent de peur. Tapis dans un recoin de la galerie, ils se blottissent l'un contre l'autre. J'achève de déblayer et leur bloque toute possibilité de retraite.

Je les recueille tranquillement, un à un. Ça chuinte et ça renifle. Je les mets dans mon sac à dos pour mieux les examiner. Le premier, très costaud avec sa lourde tête, a une manière amusante d'écarquiller les yeux ; il hérisse le poil, ce qui le fait ressembler à une boule ; son pelage est moucheté de blanc à hauteur de cou. Le deuxième, plus petit de taille, manifeste plus de curiosité que de peur ; je ne tarderai pas à voir que c'est une femelle ; elle porte au cou une tache blanche et ronde comme une pièce de monnaie. Au fond de mon sac – un grand sac de chasseur – se tapit le troisième : petit corps, petite tête, tout fluet, tout tremblotant, avec un collier de poil blanc autour de son cou fin ; les perles noires de ses yeux aux aguets ne laissent rien échapper de mes mouvements. Que je tende la main et il se blottit plus encore au fond du sac, alors que les deux autres reniflent et se tordent dans des poses épouvantables en écartant leurs pattes armées de griffes fines et pointues, à la manière des ours adultes. Mais j'arrête là mes observations, pour le moment. Une fois le sac bouclé, je procède aux mesures de la tanière et prends le chemin du camp. Pour les petits, dans mon dos, c'est une nouvelle vie qui commence. Pour moi aussi.

2.

UNE NOUVELLE MAMAN

J'arrive au camp à la nuit tombante après avoir pataugé dans une neige qui, cette fois, tourne à l'eau pour de bon. Pas un bruit n'est monté du sac. Je pénètre dans la tente et dépose mon précieux fardeau sur le sac de couchage. Ça commence à bouger et j'entends des sons de semonce : quelque chose comme un reniflement, ou un toussotement. Les oursons cherchent à faire connaître leur présence. Je dénoue le cordon du sac, libre à eux de se montrer. En attendant, je vais faire chauffer le lait. À mon retour, le sac est toujours plein. Aucun des trois michkas ne songe à sortir.

Dehors, le feu crépite. Par moments sa lueur éclaire la tente et me laisse le temps de faire quelques observations. J'aperçois alors deux têtes rondes qui dépassent du sac, plantées de quatre oreilles écartées. Sans plus réfléchir, je prends le sac et le secoue par le fond. Trois boules vivantes viennent rouler à mes pieds. Mais on n'y voit goutte. Je m'enhardis à allumer ma torche en dirigeant son faisceau vers le toit pour ne pas effrayer les oursons. Aucune réaction. Sans faire de geste brusque, je propose à chacun, tour à tour, une tétine tiède où perle un lait pour eux nouveau. Voici venu le moment du baptême. Le plus gros, c'est Tocha ; la femelle, Katia ; et le bout de chou au collier blanc, Yachka. Tocha flaire la tétine d'un air affairé, la met à la bouche et tente quelques succions. Même chose pour Katia. Yachka ne veut rien savoir et fait échouer tous mes subterfuges. Dès que je porte la tétine à sa gueule, il se pétrifie. Même ses yeux paraissent inertes et figés, pour autant que je puisse en juger à la pâle lueur de ma torche. Quand je lui introduis la tétine dans la bouche et que je la presse du bout des doigts pour faire couler le lait, Yachka n'oppose aucune résistance mais le liquide prend le chemin inverse. Je décide de ne pas l'embêter davantage et de le laisser prendre ses repères. Le lait mis au frais (dehors), j'éteins ma torche et me glisse dans mon sac de couchage. Libre aux oursons de dormir où ils veulent.

Une sorte de grouillement me réveille, à hauteur de mon visage. Quelqu'un s'acharne en haletant à gratter la fermeture de mon duvet. Je cherche à repousser l'intrus, mes doigts tombent sur des griffes pointues. Sous le faisceau de la torche, je reconnais Tocha. Il n'a que faire de la lumière de la lampe et s'évertue à pénétrer dans mon sac de couchage où, il le sent, il fera plus chaud. Je ne partage pas du tout son intention. Je me retourne en rattachant la fixation du duvet. Tocha n'a plus qu'à se faire une raison. Il s'installe à mes côtés et, résigné, s'endort en sifflant. De temps à autre son corps entier est pris d'un tressaillement.

Il s'avère à l'aube que les trois oursons ont dormi en tas sur un coin de mon duvet. Mon apparition ne les trouble guère mais, sait-on jamais, ils se réfugient au fond de la tente sur une pelote de ficelle.

La matinée ne fait que commencer. Je m'extirpe de ma tente et, après quelques ablutions d'une neige mordante, j'entreprends de réchauffer le lait. Comme les braises du soir sont recouvertes de gelée, je dois tailler des « hérissons » pour que le feu prenne vite. Rien de bien sorcier, à condition d'avoir la technique : en position accroupie, il faut coincer le couteau par le manche dans le pli du genou, la lame tournée vers le sol ; puis on prend de la main gauche une branchette de bois mort qu'on frotte à la lame de bas en haut, mais sans couper les copeaux qui s'en détachent. Résultat : un « hérisson », c'est-à-dire un bout de bois hérissé de copeaux inflammables, qui fera partir un feu par n'importe quel temps.

Des petites frimousses amusantes se montrent de temps à autre à l'entrée de la tente, éclairées par des yeux curieux, et disparaissent aussitôt. Pas un n'a le courage de sortir. Dès que j'apporte le lait, Tocha et Katia s'agrippent goulûment à la tétine bien gonflée. Pour Yachka, c'est une autre paire de manches. Assis près de lui, j'introduis prudemment la tétine dans sa bouche mais l'ourson tourne la tête. Je remets ça avec toutes les précautions possibles, ça recommence. Et ainsi de suite plusieurs minutes durant. Je suis sur le point de désespérer quand il se met d'un coup à sucer autant qu'il peut. À chaque succion ses oreilles marquent un tressaillement nerveux, son museau s'allonge, ses yeux ronds se figent. Seul le bout noir de son nez s'agite impatiemment. Il s'arrête aussi brusquement qu'il a commencé, l'air pétrifié. Mais maintenant, je sais qu'il mangera !

Longtemps encore Yachka fera la fine bouche. C'est un ourson tout maigrichon – un sac d'os – qui préfère ne pas chercher noise à son frère et à sa sœur. Les premiers jours, il est tout seul dans son coin alors que les deux autres inspectent la tente ou se livrent à des jeux. Dès les premières tétées les oursons poussent leurs gémissements rythmiques si caractéristiques : *er-er-er...* C'est donc que l'allaitement artificiel a bien pris. Après le biberon, les bébés s'endorment. Ça vaut le spectacle : l'ourson qui, l'instant d'avant, faisait encore le fou, roule à plat ventre ou sur le flanc et sombre instantanément dans le sommeil, comme si j'avais actionné un interrupteur ! La sieste dure plus d'une quarantaine de minutes. Au réveil, ça rejoue. Jeux fous mais maladroits : on trinque avec les museaux, on se pousse et on repart chacun de son côté. En revanche, on ne cesse d'inspecter la tente, d'étudier le duvet, la ficelle, tous les recoins, les fixations.

Voilà plus de vingt-quatre heures que je vis avec les oursons, mais ils n'éliminent toujours aucun excrément. Je fouille tous les coins de la tente, les plis de mon sac de couchage, la pelote de ficelle... rien. Pourtant, je pratique un massage anal régulier, l'oreille collée à leurs ventres. Ça gargouille, d'accord, et parfois je tombe sur de petites flaques, mais toujours pas de rejets excrémentiels. Il me faut attendre encore deux jours pour découvrir enfin de menus étrons vert sale, abandonnés par chacun des trois. Ma joie est immense.

Deux jours passent à des occupations diverses. Il y a encore beaucoup de neige, et je me demande bien comment des bébés oursons qui pèsent à peine 2 kilos et demi chacun peuvent suivre leur mère dans la forêt. Car, en marchant sur ses pas, ils tomberont forcément dans les cratères de ses traces : la croûte est rare par ici, qui pourrait supporter son poids… Voilà sans doute pourquoi les familles ne quittent leurs tanières qu'à l'apparition de larges zones fondues dans la forêt. À condition quand même que la progéniture soit assez entraînée pour surmonter les flaques, le bois mort et autres obstacles innombrables. Il est vrai que les oursons dissiperont bientôt tous mes doutes en me donnant une véritable leçon de courage.

C'est un bel après-midi ensoleillé, attiédi par une brise du sud. La neige fond à vue d'œil et se change en eau. La couche de surface, d'un blanc cristallin et brillant, n'est plus qu'une masse grise, sale et mouillée. Une odeur singulière se diffuse dans la forêt, qu'on ne rencontre qu'au printemps au moment précis où les bourgeons n'ont pas encore éclaté, mais où les arbres reprennent vie, où l'exhalaison acidulée des écorces pourries de tremble se mêle au parfum délicat de la résine des sapins. Un souffle doux berce les branches ballantes des bouleaux et, par vagues, caresse le visage. La mésange égrène sans relâche son chant tendre sous le martellement déchaîné des piverts. C'est très émouvant. Les oursons m'arrachent discrètement, mais inexorablement, à mon conte de fées. Je me retourne. Tous les trois à l'entrée de la tente, ils ouvrent grands les yeux sur le monde qui les entoure. Je choisis de ne pas les enfermer (qu'ils prennent un peu le soleil !) et m'écarte pour remplir une casserole de neige propre : bientôt l'heure du thé. Quelque chose bouge derrière moi, je glisse un œil et, stupeur, vois mes trois michkas courir vers moi, s'enfoncer dans la neige, s'en extirper à grand-peine, faire crouler les bords friables de leurs trous mais avancer, avancer, que diable ! À un mètre de moi, ils se sont arrêtés tout net. C'est donc que les deux jours passés ensemble sous la tente n'auront pas été vains. Les oursons n'ont plus peur de moi, ils connaissent mon odeur, et la tache sombre qui marche sur fond de neige blanche, c'est-à-dire moi-même, les a appelés à sa suite. Bref, l'instinct de poursuite, qui est développé chez les animaux au mode de vie familial, s'est éveillé en eux. C'est l'un des mécanismes clés qui assurent le lien entre les petits et leur mère : partout celle-ci doit être suitée à distance, mais pas perdue de vue. Pour vérifier mon hypothèse, je commence à longer sans hâte la clairière où se dresse notre tente. Dès que la distance se creuse, les oursons se mettent en mouvement d'un air décidé. J'accélère un peu, ils se ruent à travers les flaques et le bois mort. S'ils tombent, ils se relèvent d'un bond et forcent le pas, traversant un buisson qui doit leur sembler une véritable forêt. Rien ne les arrête dans leur empressement à me rejoindre coûte que coûte. Je vois bien qu'ils sont excités. Ils ont la respiration haletante, la gueule ouverte, le mouvement plus brusque qu'à l'ordinaire, plus précipité. Quand enfin ils s'arrêtent à mes pieds, un léger tremblement s'empare d'eux. Alors je les prends en pitié, ralentis la marche et choisis un trajet plus sec pour regagner la tente, suité par une escorte juvénile, peut-être, mais combien opiniâtre, forte, persévérante.

Plus d'une fois, j'ai entendu la mère ourse appeler à soi ses petits. Le son n'est pas très fort, mais pur, semblable à un claquement de langue – juste d'un ton plus bas. Sans doute le produit-elle avec la langue et le palais. On entend quelque chose de similaire chez tous les plantigrades (y compris les mâles) en état d'excitation. Entre les signaux d'alerte *ou-f-f, tchou-ouf-f, tchou-ouf-f,* on distingue parfois un *ngo* lapidaire et faible. C'est l'« indicatif » de la mère ourse. Dès que les oursons se sont mis sur mes pas, j'ai commencé à claquer la langue d'une façon plus spontanée que réfléchie, pour imiter à peu près cet indicatif. J'ai tout de suite compris que ce serait utile pour communiquer avec mes petits ; j'ai donc mémorisé l'intervalle séparant chaque son à l'intérieur d'une série, puis le nombre et la durée des séries. J'ai consigné tout cela dans mes notes. Plus tard, le son du signal changera. J'apprendrai à le produire d'une façon plus puissante. Ce sera un outil fiable de communication, jamais démenti, entre mes oursons et moi-même.

Le lendemain, nous remettons ça. Je marche devant en émettant de temps en temps un signal sonore ; les petits se pressent à ma suite de manière à ne pas se laisser distancer de plus d'un mètre. La promenade dure longtemps. Les oursons apprennent à contourner les flaques et les obstacles qu'ils rencontrent en chemin, et je marque souvent le pas pour qu'ils me rejoignent. Tant que je m'abstiens d'accélérer, ils ont l'air calme et concentré. Mais dès que la distance se creuse entre nous de 4 ou 5 mètres, ils se jettent en avant à corps perdu avec des signes de précipitation et d'excitation qui les font frissonner et bientôt trembler de tous leurs membres. Il me faut bien admettre que mes bottes en caoutchouc et mon blouson chaud comportent quelque avantage sur la fourrure des oursons, et je prends le chemin du retour, en direction de la tente. Les bébés sont trempés. Mais si plusieurs taches mouillées se dessinent bientôt sur mon duvet, ce n'est pas seulement pour cette raison-là. Ils s'endorment aussitôt blottis l'un contre l'autre, sans attendre que je fasse chauffer le biberon. Voilà comment, me substituant à leur mère, je suis devenu pour eux un « objet stimulant ». Certes, ce lien est raffermi aussi par la nourriture, mais il n'est pas aussi fort que dans sa dimension naturelle, comme je ne vais pas tarder à le découvrir.

Les oursons ont vite compris ce qu'est un biberon, et le lien qui existe entre le biberon, le lait et moi-même. Ils intègrent parfaitement le régime des tétées. Les premières semaines, je n'aurai aucune réclamation. Je les nourris trois fois par jour jusqu'à plus faim. Il m'est déjà arrivé par le passé de prendre des oursons à la tanière et je sais par expérience qu'on ne doit pas leur donner un nouvel aliment en grande quantité : il y a un risque de constipation, ou de diarrhée, ce qui ne va pas sans danger pour leur santé. Pour cette raison, passé la première tétée, j'ai mis mes petits au régime durant les deux jours suivants – quelques succions à la tétine, et c'est tout. Fort de ce principe, j'ai fini par épuiser toutes mes réserves de lait en poudre ou concentré à partir du moment où les ruisseaux ont débordé, m'interdisant d'aller en chercher au village…

3.

UN DRÔLE DE CONCERT

Le temps passe. Je juge que les oursons sont prêts pour se rapprocher du domaine central de la réserve, mais je n'ose pas les conduire à ma suite par des chemins forestiers difficilement praticables sur 16 kilomètres. Quant à les porter tous les trois dans un même sac à dos, cela ne m'a pas semblé possible. Je le regretterai amèrement !

À la tombée du jour (les bébés ours dorment la nuit très profondément), je boucle la tente à galons serrés en laissant aux oursons la jouissance du lieu, et je m'efface discrètement. Il y a longtemps que je n'ai vu ma femme et mes enfants et, ragaillardi par la perspective de nos retrouvailles, je marche d'un bon pas en pataugeant bruyamment dans les flaques du chemin bourbeux.

Quand, crotté jusqu'au sommet du crâne, je pousse la porte de chez moi, personne n'est encore couché. Habitué au silence (sous la tente, je ne parlais pas avec mes ours !), je suis assourdi par les exclamations et les questions. C'est à peine si j'ai pu me laver et me restaurer un peu sous le feu des questions. La conversation me fatigue tant que j'ai l'impression d'avoir marché non pas 16, mais 100 kilomètres.

Trop tôt pour dormir, pourtant : demain, il faudra retourner de bonne heure à la tente, et je dois imaginer le moyen de ramener les oursons au domaine. Les transporter à cheval ? Non : on ne sait pas comment ils réagiront par la suite à son odeur. À défaut d'autre moyen de transport, nous sommes convenus de les rapporter à trois dans des sacs à dos – chacun le sien – pour leur assurer un maximum de confort. Je laisse à ma femme le soin de conduire les pourparlers nocturnes avec les employés du parc et, rampant jusqu'à mon lit, m'endors comme une masse.

Ce sont deux jeunes gardes-chasse de la réserve. Ils veulent bien. Il fait encore nuit quand nous partons mais, malgré nos efforts, le soleil brille déjà de tous ses rayons quand nous arrivons à la tente. La première chose que nous apercevons, ce sont mes ours qui gambadent en liberté, et qui voient venir leurs porteurs avec une curiosité patente. L'un d'eux a su trouer un passage assez large dans la paroi de la tente sans avoir à démêler les galons compliqués de la porte. Je les fais manger comme il faut (je pense à la route), ayant d'avance prié mes compagnons de s'abstenir de parler. Un par sac, et nous voilà en route. Le reste du matériel sera rapporté sur un cheval de bât. Aussi peu chargés que nous sommes, nous imaginons le chemin du retour comme une promenade de santé. Que nenni !…

Les trois premiers kilomètres, les oursons restent calmes. Nous marchons sans hâte et plaisantons à mi-voix : à chaque michka sa chaise à porteurs… Mais voilà que Katia, dans le sac de mon voisin, se met à geindre d'abord doucement, mais d'une façon régulière, insistante, et pour tout dire assommante. Une minute passe, puis cinq.

Nous commençons à nous inquiéter pour elle. Il faut s'arrêter, dénouer le sac, examiner la petite qui d'ailleurs vient de se taire. Rien. Le tout remballé, nous repartons. Au bout d'un temps, ça recommence, mais en pis. Son porteur est gêné, allez savoir pourquoi : « Elle va peut-être se calmer... » et, sans nous donner le mot, nous accélérons l'allure. Loin de cesser, le geignement reprend de plus belle, auquel s'ajoute maintenant un râle rauque et agaçant. En avant pour les râles et les gémissements. Et il reste encore une bonne dizaine de kilomètres à parcourir. Nous portons la boîte à musique à tour de rôle, regardons dedans, auscultons Katia sous toutes les coutures, les pattes, la queue, les yeux, un massage au ventre. Elle se tait. Mais dans le sac, passé dix ou quinze minutes, ça reprend. Nous changeons les sacs de porteurs, secouons et berçons Katia. Rien à faire. Après un temps de repos, elle se met à hurler à pleins poumons. Nous pressons le pas, nous courons même, le visage ruisselant de sueur, le cœur battant la chamade et cognant les tympans, avec un seul désir en tête : arriver. Mais Katia ne cesse de sonner le glas dans son sac. Nous n'en pouvons plus. C'est au trot que nous poussons le portillon du jardin, et encore nos jambes fléchissent-elles ; c'est en tremblant que nous dénouons les sacs et les renversons, faisons rouler les ours sur le plancher de la véranda inondée de soleil. D'emblée, Katia se blottit contre Tocha et Yachka (ces deux-là, à en juger par le pelage ébouriffé, reviennent d'un bon somme), pousse un léger « miaulement » et prend ses aises. Pas un bruit. Rien ne transpire en elle des difficultés du voyage. Nous échangeons des regards ahuris. C'est pourtant simple : Katia ne supporte pas la solitude. Et voilà pour moi !

4.

L'INVASION

Notre maison se trouve à l'orée du village, au bord de la forêt. La véranda spacieuse et vitrée donne plein sud, face au soleil. C'est là que nous hébergeons les oursons, une fois l'endroit vidé de tout le superflu. Une porte s'ouvre sur le jardin, et la deuxième dans une pièce intérieure, de sorte que nous pouvons entrer d'un côté comme de l'autre. C'est ma femme qui les fait manger. Ils sont encore nourris au biberon chacun à leur tour mais parfois nous nous mettons à deux, avec trois biberons d'un coup. Défense absolue de les prendre dans les bras. Aucune entorse à cette règle n'est tolérée. Il n'est pas permis non plus de jouer avec eux, et le plus clair de leurs contacts se produit entre eux-mêmes. Ça grandit vite. Au bout d'une semaine, je me demande déjà où les mettre.

Trouver une cage convenable dans un délai aussi court est impensable chez nous. Je me rends à la ville où un mécanicien de ma connaissance m'aide à dénicher des cornières métalliques et du grillage à volière. Il ne reste plus qu'à dresser les plans, et à souder. La maison d'ours est bientôt prête, grâce au coup de main d'un villageois.

L'apparition des oursons dans le village déclenche un débordement de curiosité. À la moindre rencontre, c'est une pluie de questions. Je réponds comme je peux, me défilant par des plaisanteries ou expliquant longuement tout le travail à faire dans les moindres détails, devisant parfois sur les ours en général, sur leur rapport aux hommes et inversement. Puis je me lasse tant de ce jeu qu'à la vue d'une nouvelle personne je m'arrange pour déguerpir, ou je gesticule en répondant de travers aux questions qui fusent, et en faisant mine d'être pressé. Les villageois finissent par hausser les épaules et par abandonner la partie.

La partie contre moi, pas contre les oursons. On jase beaucoup, surtout parmi la marmaille omniprésente, qui a ses chemins cachés pour atteindre la véranda. Quand je surprends des intrus, ils jouent ceux qui passaient par hasard, avec un grand air innocent. Il y a des curieux de diverses espèces, qui sont prêts à tout. Nous décidons d'un compromis : oui, on peut approcher, mais seulement avec quelqu'un de la maison, et à condition de ne pas piper. Las ! avec ou sans nous, on entend toujours des cris d'enthousiasme ou des éclats de rire du côté de la véranda. Les ours se moquent royalement des yeux indiscrets. Ils font des galipettes amusantes, s'empoignent à bras-le-corps, s'envoient mutuellement des raclées, tombent, se cognent lourdement le crâne sur le plancher, exhibent (exprès ?) la plante noire de leurs pieds. Dans le jardin, tout un parterre de fleurs est piétiné : côté véranda, cela va sans dire. Une partie de la clôture est détruite. Deux carreaux sont brisés à la fenêtre. Il y a un escabeau, tombé là d'on ne sait où, un morceau d'échelle, deux tabourets cassés et une planche – tout ça, bien sûr, pour grimper et mieux voir.

Insoluble casse-tête : comment repousser les intrus quand les oursons auront leur ménagerie. Celle-ci sera dans la forêt, ce qui exclut toute possibilité de contrôle efficace. Mais, le temps passant, l'habitude l'emporte et les travaux d'installation prennent une tournure plus favorable. Forts du soutien de la direction, nous arrivons à restreindre le libre accès à l'espace vital des oursons. C'est une mesure très importante. Nous pourrons d'ores et déjà sortir dans les bois avec la certitude de ne pas être dérangés. L'heure est aux premières observations des animaux en phase de croissance. Les collaborateurs de la réserve nous aident en prenant sur eux d'expliquer patiemment au public non averti toutes les nuisances occasionnées par les excès de curiosité.

5.

PREMIÈRES SORTIES

À 50 mètres de notre maison, parmi de beaux sapins crépus, nous avons installé une cage solide, aérée et légère, de 4 mètres de longueur sur 2 et demi de largeur, et 2 de hauteur. Mais avant de déménager, les oursons ont trouvé le temps de pénétrer chez nous par la porte sans doute mal fermée. Entré du côté de la cour, j'ai entendu un bruit bizarre. Au premier coup d'œil glissé dans la pièce, j'ai vu nos pots de fleurs renversés, la terre étalée sur le plancher, et quelques restes malheureux de nos plantes. Tout barbouillés, les oursons s'affairaient à les écraser dans l'humus. C'est à peine s'ils m'ont gratifié d'un regard. Je les ai chassés de là, j'ai ramassé la terre comme j'ai pu en essayant d'y replanter les fleurs mais, de guerre lasse, je suis allé chercher le balai.

Dès le lendemain, nous les installons dans leur cage. Profitant de la nuit, ils ont cassé plusieurs vitres de la véranda et je suis heureux d'en finir. La cage semble leur plaire. Ils prennent leurs repères, flairent les coins, visitent la niche à tour de rôle et… demandent à sortir. Nous entamons alors une promenade ordinaire, comme nous en faisons tous les jours depuis une semaine, à cette différence près que nous n'avons plus à traverser le jardin (un détour qui ajoutait du piment aux sorties). À compter d'aujourd'hui, je les sortirai en forêt chaque matin avant de les nourrir.

Si je m'arrête, ils s'arrêtent aussi. Un instant immobiles, ils commencent à gratter et à fureter parmi les troncs et les souches, très entreprenants. Leur curiosité ne connaît pas de limite. L'un d'eux fouine quelque part, attiré par une odeur ; il y met le nez et les griffes, puis farfouille ailleurs, mordille un brin d'herbe, le recrache avec une drôle de grimace, continue de fourrager ici et là. Dans le taillis où nous allons, les oursons apprécient la stellaire et, plus avant dans la saison, toutes sortes d'autres végétaux avec une préférence pour les épis de graminées qui percent l'humus forestier, ainsi que pour les feuilles des ombelles *Ægopodium podagraria L.*

Après la promenade du matin, qui dure en moyenne près d'une heure, les ours retournent à la cage, près de laquelle leur nourriture est préparée. Maintenant, ils mangent dans des gamelles : une bouillie d'avoine cuite au lait. Dès la première séance ou presque, ils se sont approprié chacun sa gamelle. Si l'un d'eux se trompe dans la précipitation, c'est toute une affaire. Gare alors au contrevenant, qui essuie aussitôt une violente attaque du propriétaire, mais qui, le nez dans sa tambouille, refuse d'admettre qu'il s'est trompé d'écuelle. Une bagarre acharnée éclate. Les gamelles volent, la pâtée se renverse, les oursons grondent, rendus furieux par l'odeur de leur repas renversé dans lequel, déchaînés, ils se font rouler.

Yachka tient sa gamelle tant qu'il ne l'a pas vidée.

En ce cas il faut intervenir sur-le-champ pour éviter les blessures. Les bébés ours se battent rarement, mais à palper leur échine la main rencontre toujours une touffe de poil encroûté par le sang coagulé. La ration des oursons comprend de l'œuf, du fromage blanc et de l'herbe prise entre celles qu'ils affectionnent le plus.

Il a des visées sur celle de Katia.

Dès après manger, on leur jette dans la cage un morceau de pain noir. Ils ont appris très vite à réagir à cet appât, et courent à la cage aussitôt leur écuelle vide. Par la suite cette technique nous facilitera notablement le travail. Si la nécessité s'impose de les mettre à la cage, il suffit de leur montrer un morceau de pain pour qu'ils s'y enfilent d'eux-mêmes par la porte ouverte. Le pain est jeté à terre, et non servi à la main. On garnit aussi la cage d'herbe fraîche quand ils s'y trouvent enfermés.

Bientôt l'heure des sorties est reportée après la pâtée du matin : la direction du parc a bien voulu, désormais ce sera à toute heure du jour. Nous allons dans une clairière qui se trouve à une centaine de mètres. Au milieu est couché un gros tremble branchu, terrassé par le vent. Quelques frêles sorbiers poussent là, parmi des pieds d'airelles sur des mottes de terre, et des framboisiers aux tiges jaunes qui déjà bourgeonnent. Au bord de la clairière, un petit saule. Par beau temps, le soleil inonde la trouée. Tout autour, d'énormes sapins forment une enceinte qui repousse les assauts du vent : il souffle en secouant les cimes mais bientôt s'étouffe dans les ramures épaisses avant de toucher terre. C'est un endroit tiède et doux, où l'on est bien.

D'entrée de jeu, les oursons se sont mis à grimper aux arbres. Ils ont commencé par le gros tronc du tremble déraciné. Une fois dessus (tant bien que mal), ils y font des allées et venues comme sur une poutre. Puis ils ont pris le vieux saule en affection – le premier arbre auquel ils aient grimpé, et sans doute leur préféré. Son écorce marron foncé est creusée de rides profondes. Les branches basses de son tronc court commencent à un mètre cinquante du sol et se déploient tantôt à l'horizontale, tantôt selon d'étranges tortuosités. Au début, l'ourson n'ose guère monter à plus d'un mètre. Il est plus à l'aise dans l'ascension que dans la descente. En quelques prises rapides avec ses petites pattes, il se hisse au premier mètre où, affolé, il regarde en bas, tourne la tête à gauche, puis à droite, tremblote sous l'effort et peut-être même de peur ; alors il redescend avec prudence, agrippé de toutes ses griffes à l'écorce. Qu'une patte lâche prise à ce moment et le bébé ours embrasse le tronc avec une expression effarouchée ; il ne reprend la descente qu'une fois assuré d'être bien accroché. Il lâchera l'arbre quand il sentira ses pattes postérieures bien calées sur la terre ferme. Chaque jour mes ours s'entraînent ainsi sans relâche. Une semaine passe, et je les vois déjà à la cime du saule. En quinze jours ils sont devenus des grimpeurs confirmés, ayant conquis toutes les branches de l'arbre au feuillage naissant. Ils vont même jusqu'à chahuter au sommet en se poussant entre eux – d'une seule patte il est vrai, les trois autres bien vissées à la branche porteuse. Tant et si bien que les grosses branches du tremble lisse et desséché, auxquelles ils étaient rétifs, commencent aussi à les intéresser.

En tombant, l'arbre géant s'est couvert d'un enchevêtrement de branches brisées ou intactes, entre lesquelles les oursons s'en donnent à cœur joie. Je les vois se glisser en un clin d'œil d'un interstice à l'autre, changer sans cesse de place et de jeu, et, parfois, montrer de vrais numéros d'acrobatie. Le divertissement s'arrête aussi brusquement qu'il a commencé, et les oursons qui, l'instant d'avant, se dispersaient à qui mieux mieux dans les airs rampent maintenant dans la mousse et le bois vermoulu pour y trouver de quoi se mettre sous la dent. À la faveur des jeux, j'essaie de m'éclipser en douce : j'ai à faire à la maison. Ça marche, les oursons restent jusqu'à mon retour. Je lance mon « indicatif » en m'approchant, auquel ils répondent à l'unisson. Bientôt ils connaîtront le chemin et rentreront d'eux-mêmes à la cage.

Notre chiot Boulka est né du croisement d'un laïka et d'un chien courant. Il a toujours l'air excentrique avec sa queue en tire-bouchon, son regard clair, doux et sans malice, ses oreilles longues, qui pendouillent comme des chiffons. S'il a gardé le pelage du chien courant, il tient ses aboiements stridents du laïka. Comment a-t-il pu fraterniser avec les oursons ? Je n'en sais rien. Une fois, je les ai trouvés près de la cage avec Boulka. Ils gambadaient, sautaient, se roulaient à terre et se battaient, si absorbés par le jeu que ma présence est passée inaperçue. J'ai dissous comme j'ai pu la joyeuse compagnie et ramené Boulka dans son chenil pour l'y enfermer. Mais il n'a pas tardé à trouver une brèche, et de nouveau il s'est mis à provoquer les oursons au jeu, cette fois à travers le grillage. Il jappait, hurlait, se jetait le ventre à terre, rebondissait, bref, faisait le fou. Une fois les trous du chenil rebouchés, j'ai remis Boulka à l'isolement, pour de bon cette fois, mais il a poussé des hurlements à vous déchirer l'âme. J'ai fini par céder : ça peut jouer tant que c'est petit... Boulka ne va pas plus loin que la cage et, de ce fait, ne cause aucune nuisance à notre travail.

De peur que les oursons ne passent des bois au village, nous décidons d'établir des tours de surveillance. Il s'avère alors qu'en forêt ils ne tolèrent personne d'autre que moi. Ils déguerpissent à la vue de ma femme, qui pourtant les nourrit (près de la cage ils lui vouent toute leur attention), ainsi qu'à la vue de la laborantine qui depuis peu travaille avec eux. Plusieurs fois j'essaie de les emmener dans les bois en les abandonnant discrètement à la garde de l'une des deux femmes. Les oursons vaquent à leurs occupations habituelles, mais dès qu'ils constatent mon absence ils retournent à la cage à toute allure sans attacher la moindre importance à leur gardien du jour. L'idée s'impose alors que leur comportement s'explique par le lien particulier qui les unit à moi du fait de l'instinct de poursuite, et nous procédons à une série d'expériences (concluantes) pour vérifier cette hypothèse.

On sait que l'instinct de poursuite assure la liaison directe entre la mère et ses petits en phase de mouvement. Il consiste en ce que la progéniture enregistre par la mémoire, ou plutôt par les sens, la mère ou l'objet en mouvement à la faveur d'une période dite sensible. Cette période survient surtout quand le petit se révèle capable de suiter sa mère, et peut durer de quelques heures (chez certains oiseaux après l'éclosion) à plusieurs semaines ou mois (chez les mammifères). Mais plus tard, à l'âge où le petit commence à craindre les objets, les sons et les odeurs inconnus, l'instinct de peur prend la relève. Chez les chatons, par exemple, le chien de la maison n'inspire pas de peur ; on les voit se blottir en toute confiance contre leur « ennemi ». L'identification par le petit de l'objet stimulant consiste en ce qu'il enregistre au premier coup d'œil les contours, les formes, le volume et l'odeur de celui ou celle qu'il devra suiter. Si l'autre s'éloigne, l'excitation grandit chez le petit, ce qui tend à renforcer le lien entre l'objet stimulant et l'objet stimulé. Pour vérifier ce phénomène d'« enregistrement » dans l'instinct de poursuite, nous avons tenté à plusieurs reprises d'utiliser comme « objets stimulants » ma femme et mon assistante. Sans succès, à une seule exception près sur laquelle je reviendrai.

Bien que les oursons soient nourris par les femmes (le lien passe alors par la nourriture), ils ne veulent rien savoir et refusent de les suivre si je viens à m'absenter. Sans doute l'« enregistrement » de l'objet à suiter s'est-il effectué à la sortie de la tanière, ce que nous avons pu vérifier dans des conditions proches du milieu naturel. La tente, à laquelle les oursons ont pu s'habituer, a joué pour eux le rôle de la tanière. Par ma présence continuelle, et peut-être aussi par le biais de la nourriture, j'ai fini par tenir la place de la mère ourse. À leur première sortie, mes mouvements ont éveillé en eux l'instinct de poursuite, qui jamais ne devait se démentir jusqu'au bout de l'expérience. Ainsi notre « famille » s'est-elle constituée, liée d'un côté à l'instinct animal et, de l'autre côté, à mon désir d'en savoir un peu plus sur la vie de ces curieuses créatures. Il m'a fallu renoncer à toute aide et accompagner moi-même les ours dans leurs aventures en forêt.

6.

LA PREMIÈRE EXPÉDITION

Début juin. Les ours ont forci et grandi, ce qui leur donne un air efflanqué et anguleux. Mais ce côté disproportionné est maquillé par un pelage bien fourni, surtout à l'encolure et sur l'arrière-train. Leurs mouvements sont devenus forts et brutaux pendant les jeux. Parfois, ils échangent de lourdes raclées, qui pourtant ne tournent jamais à la vraie bagarre. Quand l'un d'eux en prend une, il se retire dans son coin sans rendre la monnaie, et les choses en restent là. Il y a beau temps que Boulka ne se montre plus dans les parages, depuis le jour où il a reçu une belle rossée. Les forces ne sont plus égales, et le chien a compris ce qu'il risquait à trop se frotter aux michkas. En promenade, les oursons apprécient les herbes et grimpent prestement aux arbres, fouinent dans l'humus forestier et les souches vermoulues, savourent des larves de hannetons et de scolytes qu'ils vont chercher sous l'écorce des arbres morts. Ils ont moins le temps de jouer. Comme nous les sous-alimentons, il leur faut bien trouver d'eux-mêmes un complément de nourriture naturelle.

À la mi-juin, nous décidons de voir évoluer un ourson en pleine nature sans qu'il soit nourri par nous pendant trois jours. Leur poids moyen est alors de 10 kilogrammes. Un jeûne de soixante-douze heures ne pourra pas leur faire de mal. Tocha paraît le plus fort. Une constitution solide, des mouvements calmes mais décidés et calculés, la masse la plus lourde (13 kilos), tout cela tend à motiver notre choix. Je m'attelle donc aux préparatifs de notre première excursion.

La veille au soir, j'étudie avec soin notre itinéraire sur la carte, je passe en revue le contenu de mon sac et j'y place mes affaires de manière à ce que rien ne gêne ni ne cogne. Le jour commence à peine à poindre quand nous prenons le départ. Nous suivons une piste bien tracée que les ours connaissent par cœur : Tocha marche devant jusqu'à la clairière habituelle. Passé celle-ci, il se range dans mes traces sans se laisser distancer de plus de 5 ou 6 mètres : il se sent en terre étrangère. Nous passons un ruisseau par des planches branlantes et, épongeant sous nos pas la rosée qui ruisselle, entrons dans un pré. C'est une nappe de velours blanchie par un voile brumeux à ras de terre, entièrement brodée de points colorés – renoncules jaunes, campanules mauves, pâquerettes blanches… Un vaste linceul défloré seulement par nos pas qui dessinent un ruban sombre sur l'herbe essuyée et piétinée. En un clin d'œil, Tocha et moi sommes trempés. Mon pantalon colle aux genoux avec une désagréable sensation de froid. Tocha ne semble en rien gêné par cet excès d'humidité et plonge dans les herbes les plus touffues qui le douchent au sens propre d'une rosée fraîche. Enfin le soleil perce à travers les arbres. Ses rayons clairs furètent dans le pré, aussitôt bus par la brume, et caressent les arbres voisins. Bientôt son disque jaune vif émerge au-dessus des bois et diffuse alentour sa chaleur et sa lumière. La rosée qui partout perle sur Tocha s'illumine et scintille comme un champ d'étoiles… À contre-jour, on dirait un personnage de conte vêtu d'un voile argenté et transparent. Mais il me rattrape et d'un coup s'éteint, bête brune ordinaire revenue de chez les fées.

Premiers essais alimentaires : méthode empirique.

Nous avançons lentement. Tocha, increvable, décrit d'incessants détours, mange un peu d'herbe, grimpe aux arbres et fait tant de choses que, débordé, je n'arrive plus à remplir mon carnet. Les paillettes colorées des fleurs le fascinent : il les arrache et les mâche mais recrache aussitôt la renoncule amère et la pâquerette ; en revanche, il savoure les clochettes de benoîte et les maigres pieds d'oseille. Il met aussi à la bouche des cailloux aux formes inhabituelles, des branchettes apportées par le vent, blanchies par les pluies et le soleil. Il examine les mottes de terre. Bref, Tocha teste à l'odorat et au goût la comestibilité de tout ce qu'il trouve. Il procède par la méthode empirique et sélectionne de la sorte quelque chose à manger.

Je n'étais pas sûr en partant que nous ferions les 15 kilomètres prévus dans la journée. Nous progressons par les bois et les prés, traversons des trouées, longeons un ruisseau, pataugeons dans les marécages. Je veux mettre l'ourson à toutes les épreuves. Mais la facilité de mouvement qu'il montre durant les deux premières heures, son énergie et sa curiosité dissipent mes derniers doutes, et j'entreprends d'aller jusqu'à l'izbouchka.

En cours de matinée, l'ourson se familiarise tant avec l'environnement qu'il se permet des écarts d'une vingtaine ou d'une trentaine de mètres. Il fait un crochet au fond d'un bois, plonge dans un buisson, s'aventure dans un ravin, sans jamais toutefois s'attarder. À peine ressorti, il me cherche des yeux. Il a peur de me perdre. Quand je fais du sur place ou que je m'écarte de 5 ou 10 mètres, l'ourson ne s'en inquiète pas. S'il daigne m'accorder un regard, c'est pour reprendre aussitôt son furetage. Mais je n'ai pas plus tôt fait une dizaine de pas qu'il me rattrape déjà, se met sur mes traces et me suite à 5 ou 6 mètres. Dans la journée, Tocha aura détruit plusieurs taupinières et une fourmilière. Il a découvert sur un sapin le nid abandonné d'un merle et l'a longtemps trituré jusqu'à le démolir complètement. Il a appris à retourner les petites pierres pour fouiller dessous.

Il est 11 heures du soir lorsque nous arrivons au poste forestier Stoulovski, une simple izbouchka. Voilà qui met Tocha en appétit mais, dans l'obscurité, je ne peux voir ce qu'il mange ni combien. Fatigué, j'essaie de l'appeler à plusieurs reprises. Rien à faire, il ne veut pas quitter la clairière.

La vieille isba comporte deux pièces. J'en occupe une et laisse l'autre à Tocha. Un bruit me réveille dans la nuit. L'ourson cogne un bris de planche et frappe à la porte avec sa patte. Trois heures pile, dit ma montre. Au point du jour, l'animal demande à sortir. Comme je renonce à le laisser seul sans surveillance, je m'habille à la hâte, engloutis quelque chose à manger et sors en me débarbouillant à la rosée du matin. Du sommeil, plus une trace. Tocha balaie l'endroit d'un œil affairé et disparaît dans le buisson le plus proche humecté de rosée. Il émerge quelques minutes plus tard, s'ébroue dans une myriade de gouttelettes et entreprend de fouiller dans un tas de bois informe en quête de vermoulures. Je profite de l'instant pour inspecter la pièce où il a passé la nuit. Je découvre quatre petits tas excrémentiels que je range dans un sachet en plastique. Je les examinerai au grand jour. J'y trouverai pour l'essentiel des résidus végétaux, mais aussi deux cailloux plats de 2 centimètres sur 1, des aiguilles de sapin, une pellicule en polyéthylène (peut-être un emballage de cigarettes) et un lambeau de tissu de couleur. Où a-t-il dégotté tout ça, mystère : l'endroit est très peu fréquenté.

La journée se passe dans le coin. Nous allons aux marécages de Katine Mokh et à la rivière Joukopa. Nous parcourons une aunaie, où chaque pas arrache à la terre un gargouillis spongieux, traversons de jolies pineraies, puis un pré vert vif où pousse une herbe à foin jeune et drue. Tocha s'intéresse à tout. S'il avise une souche qui dépasse d'un tapis de mousse marécageux, il faut à tout prix qu'il y aille pour la tripoter, ou même pour la renverser en faisant voler tout un nuage vermoulu marron jaune. Quand s'envole une gélinotte, il va voir l'endroit sans hâte, le flaire, s'y attarde, à l'évidence intéressé par l'odeur.

Scène amusante de l'ourson dans la rivière... La Joukopa est peu profonde à cet endroit. Tantôt le flot se laisse courir sur un fond de gros galets, tantôt il rebondit sur les rapides et s'entonne entre deux rochers, sculptant des langues de sable jaune à l'intérieur d'un coude abrupt, tantôt il s'apaise dans un tourbillon noir cerné de saules dont les branches effleurent la surface. Voyant cela, Tocha entre dans la rivière jusqu'au ventre avec des reniflements mêlés de plaintes. Bientôt il ne laisse plus paraître hors de l'eau que le nez et les oreilles, puis se risque à plonger la tête entière. Il émerge d'un bond, étourdi, se met à fouetter la surface avec ses pattes. Calmé, il s'allonge à nouveau, plus près du bord cette fois, où il y a moins de fond. Tout en lui trahit la volupté qu'il éprouve. Il plonge le museau dans l'eau jusqu'aux oreilles, plisse la paupière, fait des bulles, souffle tant qu'il peut, secoue la tête dans une auréole de gouttelettes. Drôle de spectacle de le voir tenter d'attraper, l'air sérieux, un galet lisse et rond avec ses pattes griffues. La pierre résiste et, à peine sortie de l'eau, replonge, Tocha ne désespère pas, la ramasse encore avec patience mais non, rien n'y fait. Alors, le corps penché, l'épaule droite en avant, il fend la rivière à toute allure en soulevant des rideaux d'embruns. Il se passe encore beaucoup de temps avant que l'ours trempé et fatigué n'aille se vautrer sur le sable chaud, à plat ventre, le souffle court, les yeux fouineurs. L'instant d'après il gambade à nouveau sur le sable qu'il brasse à coups de patte. Soudain il s'arrête et entreprend de creuser un trou profond, jusqu'à la nappe d'eau. Tocha passe encore une heure entière au bord de la rivière. Puis, s'ébrouant, il s'éloigne de la rive et va mordiller de jeunes pousses de laîche dont il ronge le pied juteux. Tocha et moi errons ainsi jusqu'à la nuit.

La journée m'a apporté une masse d'impressions et de connaissances. L'ourson paraît alerte et frais, toujours prêt à butiner d'un endroit à l'autre, alors que mes jambes ne me portent plus et que je prépare ma couche à la hâte, où je m'endors instantanément. Mais à 3 heures, comme l'autre nuit, Tocha fait son remue-ménage dans la pièce d'à côté et je n'ai plus qu'à sortir. Encore une journée à vagabonder. À plusieurs reprises l'ourson me réclame à manger. Il s'approche de moi, s'assoit, prend un air pitoyable et triste, et se met à gémir d'une façon répétitive : *y-y-y-ym, y-y-ym…* Je tourne le dos, ce qui suffit pour que cesse la plainte. Alors Tocha met de côté sa mendicité, galope à travers prés vers l'arbre le plus proche, s'y juche, redescend, continue sa course, le tout en quelques secondes. Le jeu s'arrête aussi brusquement qu'il a commencé, et l'ourson qui l'instant d'avant faisait le fou est maintenant occupé à choisir des pousses fondantes de graminées. Vers midi, Tocha dort près d'une heure, blotti contre moi, et je profite de ce temps de répit pour mettre de l'ordre dans mes carnets bâclés.

Trois journées passent, pleines à craquer de l'aube à la nuit. Quand, épuisé, je regagne l'izbouchka, je ne pense qu'à me jeter dans un coin pour dormir. Mais Tocha est déchaîné : il a parcouru mille détours, fouillé le sol et barboté dans les flaques, et tout en lui respire la satisfaction.

De retour à la maison, je commence par le peser. En trois jours, il a couru plusieurs dizaines de kilomètres et mené un train sans répit tout en étant privé du moindre appoint alimentaire. Ce faisant, il n'a perdu que 170 grammes. Je décide donc de préparer une expédition prolongée dans la forêt avec les trois petits.

7.

PAR LES SENTES FORESTIÈRES

Trois jours de préparatifs. À quarante-huit heures du départ, les oursons ne sont plus nourris que deux fois par jour au lieu de trois et, la veille, une fois seulement. Une fois toute la portée mesurée et pesée, je n'ai plus qu'à rééquilibrer le chargement de mon sac à dos. Un signe de la main à ma femme, et nous voilà partis pour une longue expédition. Vers l'inconnu, me semble-t-il.

Les oursons respectent entre eux une distance de 5 ou 6 mètres. Quand je presse le pas, ils accélèrent à leur tour, et inversement. Ainsi sommes-nous liés par une corde invisible qui ne s'étire pas plus qu'elle ne se raccourcit.

Maintenant que j'ai sondé les capacités de Tocha, je décide de couvrir 8 kilomètres en continu avant de faire une halte prolongée. Je tiens compte de mon fardeau : les arrêts répétés qui me forcent à ôter puis à remettre mon sac à dos me fatiguent beaucoup. Quand je marche, les oursons me suivent à la trace, sans jeux ni distractions. Toute leur attention est focalisée sur ma personne. Tocha trotte en tête, secondé par Katia qui, impatiente, cherche parfois à le doubler. Mais l'autre veille à son leadership et la remet en place. Yachka ferme la marche. La première étape se passe sans histoires. J'accroche mon sac à un arbre, le plus haut possible pour ne pas appâter les mulots avec son odeur, et m'assois par terre, adossé contre un tronc bien frais. Je ne suis pas encore installé que Katia commence à réclamer : elle pousse un gémissement plaintif et s'approche de moi en douceur, au pas de côté. Je la repousse d'une main molle, elle n'y reviendra plus. Une minute après, les oursons gambadent à travers la clairière, fourrent le museau sous les arbres déracinés, disparaissent derrière les troncs et l'enchevêtrement des racines. Parfois ils broutent l'herbe naissante mais la mâchent à contrecœur. Leur préférence va au jeu : ils se battent la gueule ouverte, s'empoignent à l'échine et se tapent sans méchanceté, bien qu'avec force. Ce ne sont déjà plus les bébés ours que j'avais sortis de leur tanière, quoiqu'ils n'aient guère changé en apparence. Tocha reste une figure herculéenne : une encolure haute et puissante, un arrière-train solide, une tête volumineuse sur un cou épais ; la lumière chatoie dans son pelage brun brillant aux reflets gris ; il a le geste sûr qui respire la force. Il fait ce qui lui plaît, il exprime son indignation sans retenue, d'une manière tranchante, et si quelque chose ne lui réussit pas, il exprime son mécontentement en grognant, voire en grondant avec des mouvements brutaux. Il règne sans partage sur Katia et Yachka, et ne leur laisse plus que le droit de vider chacun sa gamelle près de la cage. Les oursons, tout comme leurs congénères adultes, défendent d'arrache-pied leur nourriture contre toute atteinte extérieure, mais respectent parfaitement la souveraineté d'autrui.

Katia est plus petite de taille, mais d'une constitution solide, la tête particulièrement bien dessinée, le geste habile et doux. Ses yeux trahissent toujours une pointe de malice. Ils voient tout. Que mon carnet disparaisse ou que je retrouve mes gants en loques, c'est à coup sûr le travail de Katia. Quant à Yachka, il est toujours aussi infantile. Sa tête étroite avec ses deux petits yeux effarouchés sans cesse aux aguets est vissée sur un cou très fluet,

Katia a volé mon carnet de notes.

d'où peut-être cette impression qu'il cherche sans arrêt à tendre le museau le plus avant possible. Son corps chétif paraît monté sur des pattes osseuses. À ses flancs, par mèches poisseuses, pend un long pelage. Un air abattu et défait. Au jeu, il finit toujours par se soumettre, assis sur son derrière ou couché sur le dos. Mais je connais à son actif plusieurs combats acharnés ; alors, quand il s'agrippe à Tocha ou à Katia, on ne peut plus lui faire lâcher prise, sauf à lui vider un seau d'eau sur le corps. C'est un caractère fort, assurément, caché derrière un piètre physique et une absence apparente de vigueur.

Le temps que je me repose à observer les ours, un gros nuage, qui commence à distiller une pluie fine sous une lumière maussade, est arrivé. Une poussière d'eau s'abat sur le bois, qu'elle emplit d'une brume blanchâtre. Elle se couche sur les feuilles du framboisier près duquel je me trouve, et se change bientôt en gouttelettes transparentes qui font plier les pétioles et qui, faute d'appui, roulent dans le vide. Comme un être animé, l'arbuste donne ainsi l'impression d'agiter ses limbes. Quelques grosses gouttes se glissent dans mon col et je sens courir dans mon dos un filet d'eau froide. Aussitôt relevé, j'endosse mon sac et me mets en route dans l'espoir d'arriver au plus tôt au Pré-Martinova où se trouve une vieille cabane des bois construite en des temps immémoriaux.

La laie rectiligne dont la réserve forestière est quadrillée se met par endroits à monter. Point n'est besoin alors de regarder sous ses pieds, à condition d'enjamber à temps les troncs d'arbres en travers et les racines tordues qui dépassent. Mais quand la laie plonge dans une dépression marécageuse, il faut sauter de motte en motte et calculer d'avance le prochain point d'appui. Et encore cela ne vaut-il pas à tous les coups. Une butte de terre peut se dérober par traîtrise sous mon pied qui s'enfonce dans la fange. Mon sac à dos ne fait qu'en rajouter, comme par un fait exprès… Je reprends mon souffle et m'en extirpe comme je peux, vide mes bottes, m'essuie le visage barbouillé de tourbe et reprends mon chemin. Les oursons n'en ont cure ! Ils mettent hardiment la patte dans n'importe quel trou d'eau, font gargouiller la vase, barbotent, nagent, rampent et se moquent éperdument de la pluie qui déjà m'a trempé jusqu'à l'os.

J'arrive enfin à destination, avec mon escorte d'oursons crottés, le poil en bataille. La vieille izbouchka enracinée dans la terre nous accueille avec ses effluves de renfermé, d'humidité, de murs moisis et de couchettes mouillées. Il y a un poêle en fer aux flancs carbonisés, avec son tuyau. Une petite fenêtre heureusement garnie de vitres filtre la lumière pâle du ciel morose. Je laisse aux ours l'entière liberté de faire dehors tout ce qu'ils veulent, et décide de remettre le poêle en état. J'enveloppe le tuyau de plusieurs feuilles de papier d'aluminium prises avec moi par précaution, et fixe le tout avec du fil de fer. J'étaie les flancs du poêle avec des briques. Enfin, je rassemble un peu de bois. À défaut de vrai combustible, il me faut déployer des prodiges, avaler de la fumée, verser des larmes et attiser le feu avant qu'enfin il ne prenne.

La cabane se réchauffe vite et bien. La fenêtre embuée se met à pleurer à grosses gouttes. Comme l'air devient étouffant, j'ouvre la porte. Au bout d'un instant, Katia se montre à l'entrée. Passé un temps d'observation, elle s'éloigne. Yachka prend sa place. Il fait mine d'entrer mais ressort aussitôt, effrayé par Dieu sait quoi. Par l'entrebâillement de la porte, je constate que les ours ont pris place pour le repos au pied d'un vieux sapin. Ils ont maintenant le pelage propre et bien peigné et, blottis l'un contre l'autre, ne forment plus qu'une boule. La pluie ne traverse pas les branches touffues du conifère. Seules quelques gouttes s'écrasent lourdement à terre, ce qui n'affecte nullement les oursons.

Quand vient le soir, je descends sans bruit au ruisseau, pour ne pas troubler le repos de la petite famille. Je rapporte de l'eau et fais provision de bois pour la nuit, cependant que les oursons ne songent pas même à sortir de leur coin. J'apprendrai par la suite que, par temps de pluie, ils peuvent dormir plusieurs heures d'affilée sous un abri de fortune, sans se nourrir ou presque.

L'aube nous guette avec du vent, et toujours la même pluie. Des nuages de plomb encombrent le ciel. Ils filent à vive allure, si bas qu'on les dirait près de s'accrocher à la cime des arbres. Je prends mon courage à deux mains et sors de l'izbouchka bien chauffée en veillant à bloquer la porte avec un pieu. Je me dirige vers la rivière Tioudma où j'ai vu souvent, l'été dernier, les empreintes d'une ourse et de ses petits. Mes oursons n'attendaient que moi. Dans un concert de reniflements, se bousculant à qui mieux mieux, ils se pressent sur mes pas.

La rivière, à l'étiage étroit mais profond, est gonflée par la pluie. Ses rives sont bordées d'une végétation inextricable. Il y a souvent des barrages – des arbres tombés en travers, les uns sur les autres. Le flot s'engouffre pardessous, gronde et bouillonne dans le désordre visqueux des branches vert moisi. Je n'ai pas le temps de cligner de l'œil que l'omniprésente Katia s'est jetée à l'eau, aussitôt emportée par le courant. En se débattant comme elle peut, elle disparaît derrière le premier coude de la rivière. Je fonce dans les fourrés en m'écorchant le visage et les mains :

elle va tomber sur un barrage, qui risque fort de la noyer ! J'arrive après elle malgré ma grande hâte. Dans la précipitation, j'ai entraîné le reste de la fratrie qui me suit aveuglément. Accouru, je vois Katia déambuler tranquillement sur le tronc supérieur. Elle nous adresse un coup d'œil éclair, comme pour nous reprocher notre vaine diligence, et passe sur l'autre rive. Je pousse un soupir de soulagement, regarde les oursons essoufflés qui se pressent à mes pieds et traverse avec eux cette fichue rivière, par le même chemin que Katia.

En aval de l'izbouchka, la forêt s'éclaircit au profit de petites clairières tapissées d'une herbe drue. C'est là que nous allons. L'endroit porte encore la trace récente d'un ours qui s'y est nourri. Mes oursons n'y attachent aucune attention particulière mais profitent volontiers des passages laissés dans l'herbe haute et épaisse où il n'est pas si facile de se mouvoir. Chacun se met en quête de nourriture. De temps à autre, l'un des michkas renâcle, à quoi les autres répondent – ainsi se maintient la liaison à distance. Pour voir comment les oursons réagissent à mon absence, je les laisse à leur occupation et m'éloigne sans bruit.

Je me poste dans un bois, à 80 mètres de la clairière. Dix-sept minutes passent et je vois Katia sortir des fourrés. On dirait qu'elle cherche ma trace. Elle avance lentement, s'arrête souvent le nez à terre. Yachka lui emboîte le pas, et bientôt Tocha, plus nonchalant, à une douzaine de mètres derrière. Katia continue de flairer ma piste mais s'immobilise à l'endroit où, cherchant à me cacher, j'ai enjambé un tronc d'arbre couché. Elle va d'un côté, puis de l'autre – ma trace est perdue. Alors elle s'assoit et se met à donner de la voix. Sa plainte emplit bientôt la forêt entière. Yachka l'imite du même ton monocorde, seul Tocha observe un mutisme embarrassé et scrute les environs. Je cesse alors d'éprouver leur patience et lance mon « indicatif » vocal. L'instant d'après les trois oursons sont à mes pieds, le nez collé à mes bottes, rassurés. Ainsi ont-ils pu flairer ma piste pour la première fois, à 5 mois. Peut-être l'auraient-ils pu avant, mais je viens seulement d'en faire la démonstration. Maintenant, il ne sera pas facile de me soustraire à leur vigilance. Ils remontent sans peine une piste ancienne d'une demi-heure, voire d'une heure et demie par temps sec.

Aujourd'hui, mes ours jouent peu et mangent mal. C'est bien sûr la conséquence d'un jeûne de deux jours : ils n'ont pas oublié la pâtée quotidienne, et la végétation herbeuse qu'ils rencontrent ne peut constituer le gros de leur ration. Comme il faut bien qu'ils trouvent quelque chose à se mettre sous la dent, ils cherchent. Chaque jour ils se sentent de plus en plus à l'aise dans les bois. Ils n'oublient pas de jouer un peu, mais le plus clair de leur temps passe en quête de nourriture – c'est l'« instinct de recherche » propre à leur comportement nutritif. Ils vont et viennent, brassent les vermoulures, soulèvent les pierres, grattent la mousse, attrapent les fourmis, mangent l'herbe. La période alimentaire la plus active se situe dans la matinée avant 11 heures, et en fin d'après-midi vers 5, 6 heures. En milieu de journée, les oursons font la sieste dans les poses les plus diverses – qui sur le ventre, qui sur le flanc –, avec la patte sur le museau pour se défendre des moustiques.

Huit jours passent, et nous rentrons à la maison en vue d'une expédition plus prolongée. D'ores et déjà je peux conclure que les oursons mangent bien la végétation herbeuse (quitte à jeûner un peu au début), qu'ils se montrent actifs, qu'ils n'ont pas l'air abattu et qu'ils ne perdent presque pas de poids. De retour à la cage, ils reviennent sans rechigner à la pâtée d'avoine qu'ils accommodent volontiers d'herbes.

Nous surprenons près de la cage des visiteurs du soir indésirés. Qui leur donne des bonbons, qui le bâton... Il me faut les éconduire. Pendant trois jours nous montons la garde contre les « amis des animaux ».

J'ai refait mes balluchons. Ayant convenu ma femme et moi d'un rendez-vous sylvestre de réapprovisionnement, je m'enfonce dans la forêt en direction de la même izbouchka : mes oursons en connaissent les terres et je prévois qu'il leur faudra moins de temps pour s'accoutumer à la nourriture. Eh bien non ! Après la pâtée, ils répugnent à se remettre à l'herbe... Il faut tout reprendre de zéro : plusieurs jours de jeûne agrémentés de rares portions végétariennes, des comportements de mendicité alimentaire, des gueules renfrognées. On n'oublie pas pour autant de se bagarrer un peu, signe que les choses ne vont pas si mal. Petit à petit, on reprend goût au fourrage. Nous allons d'un endroit à un autre. Je remplis mes carnets. À chaque ourson son activité, qui ne cesse de changer. Le réveil au point du jour, le coucher à la nuit noire, la guérilla contre les régiments de moustiques... ainsi va la vie.

Je pèse les oursons tous les jours à l'aide d'un filet de pêche accroché au ressort d'un peson. Il a bien fallu qu'ils s'y fassent. Dès que j'en attrape un et que je le soulève, il dresse lui-même les quatre fers en l'air et, désorienté, reste de glace. En un clin d'œil, la mesure est prise ! Toutefois, le temps allant, les choses se compliquent. Au bout de trois jours, les oursons connaissent parfaitement l'heure de la pesée, et rechignent à se laisser approcher. Je porte toujours à la ceinture le filet et le peson, qui ne doivent donc pas éveiller les soupçons. Je renonce aux horaires fixes. Maintenant, je les pèse isolément à toute heure du jour, à la faveur d'un moment propice. Mais il arrive que l'un d'eux répugne à se faire soulever dans les airs. Il observe mes préparatifs d'un œil suspicieux, bien que j'y mette toute la discrétion possible. Il devine intuitivement que je ne m'approche pas pour rien, mais bel et bien pour le peser. Alors, me laissant approcher encore un peu, *hop !* il déguerpit dans les fourrés. Tant pis pour aujourd'hui : je trace un trait dans la case correspondante de mon carnet, pour ne pas lui imposer ma volonté. Et l'autre n'attend que cela, qui bientôt déambule tranquillement devant moi pour me narguer.

Cinq jours passent. Il est convenu avec ma femme que nous devons nous rencontrer à 10 heures du matin, près d'un refuge situé à la limite du village. À 10 heures précises, j'approche avec mon escorte d'oursons, qui ont l'oreille attentive : on entend monter du bourg des bribes de voix humaines, des aboiements de chiens, le grincement d'un couvercle de puits, le caquètement des oies, un fracas de fer dans un garage. Les oursons marquent des signes d'agitation : ces bruits leur sont familiers, la cage où la bonne bouillie leur est servie d'habitude doit se trouver quelque part du côté de ces bruits. Les cinq jours passés au régime alimentaire forestier y sont pour quelque chose. Cinq longues minutes s'écoulent. Rien. Ma femme n'est toujours pas là. Jugeant mes oursons à bout de patience, je reprends le chemin de la forêt d'un pas décidé en poussant mon cri de ralliement. Ils se lancent ensemble sur mes pas. Oubliée, la tentation perverse de la cage.

Ce soir-là, les petits parviennent enfin à se nourrir correctement pour la première fois de la sortie. Ils arrachent des têtes d'épilobe. J'éprouve un plaisir infini à regarder leurs ventres replets et à écouter leurs éructations sonores et répétitives, si caractéristiques des oursons repus.

Le lendemain à 10 heures sonnantes, je suis au refuge. Ma suite s'est attardée dans un carré de spirées *(Filipendula denudata)*, et j'en profite pour avancer au point de rencontre. Ma femme m'attend. Je gesticule désespérément pour la prévenir de ne pas faire de bruit. Svetlana me sourit et me tend un sac à dos plein à craquer. Je le saisis et, vite, disparais dans la forêt. Les ours courent à ma rencontre. Soudain (je n'ai pas le temps de réfléchir), je fais l'objet d'une attaque acharnée des trois à la fois. Ils poussent des cris sonores et impérieux, me sautent dessus. Ils ont l'air d'en vouloir à mon sac. C'est alors qu'une odeur sucrée de pâte au beurre me monte au nez. Pour les oursons, avec leur odorat, elle doit être autrement irrésistible ! Je découvrirai bientôt que ma femme m'a préparé des galettes au four, et les a roulées brûlantes dans un tissu. Oh ! la naïve… La situation étant grave, je prends le chemin de l'izbouchka au pas de course tout en maudissant le poids de mon sac, la distance à parcourir

(12 kilomètres, tout de même) et la tendre affection de ma femme. Enfin je m'engouffre dans la cabane et, débarrassé de mon sac, m'écroule sur la couchette. Mon cœur bat la chamade, je ruisselle de sueur et la chemise me colle au dos, sensation fort déplaisante. Mes oursons excités grattent à la porte d'une façon suspecte, flairent bruyamment la fente, renâclent. À peine remis, je vais les voir et fais avec eux le tour de l'izbouchka pour les détendre... et me détendre. Ils s'empressent autour de moi, me flairent attentivement, trottinent à mes côtés et, rassurés, regagnent leur reposée sous le sapin. Je comprends alors que la marche au pas de course sur le chemin du retour les a inquiétés beaucoup plus que mes galettes. Je les revois courir sur mes talons, effrayés par mon allure et mes gestes brutaux, ne se laissant jamais distancer de plus de 2 mètres. De tout le voyage, ils n'ont cessé de pousser des râles angoissés, se demandant quel danger pouvait guetter leur guide. Ils se moquaient bien des galettes à ce moment-là ! Mais cela, je ne l'ai pas compris tout de suite. Il faut savoir qu'au premier danger venu leur instinct alimentaire s'éteint, relégué au second plan. Plus d'une fois encore j'aurai l'occasion de le constater dans mon travail auprès des ours.

Mon calendrier exige que je me rende à tout prix à Moscou. Il est convenu avec la laborantine qu'elle essaiera de me remplacer quelques jours, le temps de mon absence, pour ne pas rompre le cours de notre expérience. La tâche consiste à déterminer le moment où les oursons prendront du poids dans un contexte de nutrition naturelle. À quand ce moment ? Je sais qu'ils ne veulent vivre dans les bois avec personne, sauf moi. Mais je sais aussi que, lors des premières sorties, ils pouvaient rester seuls à la clairière toute la journée durant, non loin du village, avant de connaître le chemin du retour à la cage. Maintenant, nous sommes à 15 kilomètres du village. Je n'ai fait que deux fois avec eux le trajet de l'izbouchka au domaine central, encore n'était-ce que par des sentiers différents. Il y a donc lieu de compter que les oursons n'iront pas seuls à la cage. Enfin, je sais que l'instinct de poursuite, en principe, peut être réorienté sur un autre objet stimulant, surtout s'il est d'une forme analogue à celui qui fut mémorisé par le petit en période dite sensible de formation de cet instinct.

Les exemples classiques, sur les oiseaux, montrent que cette période peut durer de douze à trente-six heures après l'éclosion ; chez la poule d'eau, c'est possible jusqu'à soixante-dix jours si l'expérience s'effectue dans un environnement familier pour le sujet. Chez le mammifère, tout dépend de la faculté du petit à se mouvoir et à discerner l'objet stimulant. On sait que les agneaux et les poulains peuvent suivre un objet mobile quelques heures après la naissance. Chez les animaux à tanière (par exemple : les loups et les ours), cette faculté s'éveille à partir du moment où la famille quitte son repaire. Il existe dès lors entre la mère et sa portée un attachement conditionné par tout un train de facteurs thermiques, organiques, olfactifs, visuels et auditifs qui, au moment voulu, agissent comme autant de stimulateurs propices à la manifestation de cet instinct. Quant à savoir si je vais parvenir ou non à détourner les oursons sur ma laborantine, la question reste ouverte. En captivité, les bébés ours s'accoutument très vite à leur nouveau maître, mais le lien s'établit par la nourriture qui leur est servie *à la main*. On voit alors s'instaurer une relation solide à trois segments : l'homme, la nourriture, l'ours. Les dresseurs le savent bien, qui donnent une friandise pour un bon comportement, et rien du tout dans le cas contraire. L'ours à dresser n'étant pas nourri avant l'expérience, il fait évidemment tout son possible. Chez nos oursons, ce lien alimentaire est absent ou se focalise davantage sur l'écuelle que sur l'être humain. D'où la difficulté de la « délégation de pouvoir » à laquelle j'entends procéder. Surtout que j'ai beaucoup entendu parler de la fameuse « révolte » des ours ; une fois, j'ai moi-même été témoin de la rébellion d'un jeune ours adulte qui s'est fait un devoir d'écraser tout ce qui lui tombait sous les pattes.

Un vieux chasseur sibérien m'a dit un jour que l'ourson n'accepte son maître que jusqu'au mois de juin ; passé ce délai, les jeunes animaux capturés se laissent difficilement apprivoiser et tendent à se rebeller. Certes, nos petits ne vont pas se rebeller – trop immatures encore. Quant à savoir s'ils accepteront un autre individu, nul n'en mettrait la main au feu.

Le jour dit, alors que je me livre comme d'habitude à l'observation des oursons qui s'affairent au pied d'un arbrisseau – un myrtillier –, je vois soudain Katia se dresser sur ses pattes arrière, bientôt imitée par Yachka et Tocha ! C'est le signe d'une grande méfiance : museau étiré, oreilles tendues qui tressaillent et qui amorcent une torsion en arrière... Quelque chose les a effrayés. J'ai beau prêter l'oreille, je n'entends rien du tout. Mais les oursons manifestent une inquiétude grandissante, ils renâclent, ne cessent de se dresser, trépignent, cherchent à se rapprocher de moi. J'essaie de les rassurer par une série de sons familiers. Ils viennent alors se coller à moi sans pour autant se calmer, les yeux rivés en direction de la laie. Je vais y jeter un œil : loin de là, à quelque 200 mètres, se détache une silhouette humaine. C'est la laborantine qui arrive. Dans le concert tumultueux des sons sylvestres, les ours ont pu discerner le bruit de ses pas et les identifier comme dangereux. Je considère mes petites bêtes avec admiration, venant d'apprécier pour la première fois l'étonnante acuité de leur ouïe. À l'approche de ma collègue, les oursons la flairent et, rassurés, s'en retournent gratter au pied de leur myrtillier. J'explique à ma laborantine comment tenir le journal, sur quoi porter l'attention et comment procéder en cas de danger (si un ours vient à tomber sur les petits). Puis, après la « remise des clés » de l'izbouchka, nous nous rendons tous les cinq dans la clairière voisine. Je montre comment frapper des mains pour produire le son du rappel et m'apprête à m'éclipser. Ma collègue frappe des mains et s'enfile dans la laie… aussitôt suitée par les oursons. J'étais loin de penser que ce serait aussi simple et je ressens même, quelque part au fond de mon cœur, comme un sentiment de jalousie. Quelques minutes plus tard, je marche d'un pas rapide en direction du village.

La nuit même, je pars pour Moscou, où je rencontre Léonid Krouchinski. Il me conseille et me propose un nouvel éventail d'approches méthodologiques pour la suite de mon expérience. Je passe au total trois jours dans la capitale, où je consacre tout mon temps libre au travail en bibliothèque. Je repars fourbu, chargé d'emplettes, de livres et de documentation.

J'arrive au village de bon matin. Après m'être enquis des affaires courantes, je vais (je cours !) dans les bois retrouver mes oursons. Tout va bien. La laborantine me remet le journal avec des notes soignées et bien écrites. Elle me fait part de ses impressions : c'est une femme qui aime beaucoup les animaux. Tocha et Yachka ne manifestent pas le moindre égard à mon retour, seule Katia s'approche, fourre son nez sur ma botte et pousse un petit son plaintif : et si j'avais rapporté quelque chose ? Mais non, je n'ai rien rapporté, et elle s'éloigne avec indifférence. Mais dès que je m'enfile dans la laie, les oursons se métamorphosent et se mettent sur mes pas. Ils font tout un remue-ménage, se jettent les uns sur les autres, puis sur moi-même. Balançant la tête, la gueule grande ouverte et les oreilles couchées, ils se ruent vers moi, se dressent sur leur train, écartent les pattes antérieures pour m'enlacer les jambes… une invitation au jeu. Mais les contacts directs ne font pas partie du programme, et je n'ai pas l'intention de jouer. Les oursons subissent avec plaisir la procédure de la pesée. Je me penche sur les chiffres et découvre que Yachka a déjà rattrapé le poids de Katia, laquelle reste stable, et que Tocha a maigri.

Quand j'entre dans l'izbouchka, je suis surpris par l'abondance de moustiques. À même le sol, fait de planches mal dégrossies et déjà pourries, j'allume un petit feu fumant. La cabane entière s'emplit d'une âcre fumée blanchâtre. J'ouvre la porte. Des nuées de moustiques s'échappent avec d'épaisses volutes en vrombissant et en bourdonnant sur tous les tons. Débarrassé de mes locataires indésirés, j'inspecte les lieux et constate qu'un éclat de verre a volé, par où les moustiques entraient à l'odeur attrayante de la pièce habitée. Je colmate la brèche et m'attelle aux préparatifs de l'expédition prochaine – le lendemain matin – aux marécages de Katine Mokh. Quand j'allume le poêle, un bruit insolite attire mon attention. J'ai le temps de voir, en me retournant, une patte introduite par le trou que je viens de boucher, et qui gratte le rebord intérieur de la fenêtre. Je pousse un *ouh !* puissant, le cri d'alarme des ours, et la patte disparaît. Par la porte j'aperçois Katia qui détale. Il y avait au bord de la fenêtre, je me souviens, deux ou trois biscottes. Envolées. Ce n'est certes pas la laborantine qui les a mangées. C'est donc Katia, en brisant la vitre. Redoutant qu'elle n'achève de casser les derniers éclats du carreau, je protège la fenêtre du côté extérieur par un reste de palis. D'un coup, la pièce s'assombrit, mais il faudra bien que je m'y fasse au nom du moindre mal. Plus d'une fois encore Katia s'intéressera à la fenêtre. À chaque tentative je la chasserai. Un jour, elle tentera d'escalader le palis. Une autre fois, elle se juchera sur le mur de l'isba… Plusieurs journées passeront avant qu'elle ne renonce vraiment à son opiniâtre entreprise.

8.

AU ROYAUME HUMIDE

De bon matin nous arrivons à Katine Mokh, vaste marécage émaillé çà et là de petits lacs et d'îlots de terre où pousse abondamment l'airelle des marais avec aussi, clairsemés, des pins chétifs. Il y a tout autour comme un rideau de lédon *(Ledum palustre)*. Des tapis de mousse sont piqués par endroits de myrtilliers. Katine Mokh est un monde à part. Bêtes et oiseaux viennent s'y nourrir de baies, d'herbes, de graines, d'aiguilles de pin. Des ruisseaux s'y abreuvent d'une eau que le marécage distribue avec parcimonie. Après les sous-bois, on est ravi de trouver ici de l'espace, de la lumière, et une odeur émouvante.

Il nous faut d'abord supporter les glouglous et les borborygmes d'une cuvette parsemée d'aunes. Les racines des arbres enveloppées de mousse ont des formes tortueuses et fantasques. Elles sortent de terre en soulevant de véritables monticules. Des pieds de fougère déploient ici ou là les plumes de leur feuillage. Une fange tourbeuse miroite entre les arbres avec des reflets mats. Je saute de monticule en monticule, le pied parfois happé entre deux racines cachées par la mousse.

Les oursons ne s'embêtent pas à sauter et barbotent joyeusement dans la vase.

Le marécage nous attend sous un brouillard bas où diffusent les rayons jaune trouble du soleil. J'hésite à me plonger d'un coup dans ce royaume humide, et pose un instant mes fesses sur un talus. Les oursons m'approuvent et m'imitent. Peu à peu, le soleil prend de la hauteur. Une brise se lève, qui arrache la brume au marécage – les pins rabougris achèveront de la déchirer en lambeaux. Ces lambeaux fondent à vue d'œil, s'accrochent aux arbrisseaux, s'agrippent encore un temps – touffes blanches poussées par le vent – à la crinière d'un bosquet qui empiète sur la surface lisse du marais. Nous atteignons un carré de mousse plan et spongieux. Les oursons se serrent contre mes jambes. Au début, j'ai peine à comprendre la raison de leur méfiance. Je scrute les alentours, cherche des empreintes sur la mousse, où elles se conservent longtemps, tends l'oreille autour de moi. Rien. Je conclus plus tard qu'ils sont troublés par l'immensité de l'espace. Il y a de quoi, après les fourrés forestiers. Mais peu à peu les oursons s'habituent, sans pour autant s'éloigner de moi.

Le soleil chauffe, du marécage monte l'odeur enivrante du lédon. Des grues craquettent au loin. Une ombre passe avec un sifflement d'ailes – c'est un faucon chasseur de tétras. Les oursons renâclent et se jettent à mes pieds, effrayés par ce bruit inhabituel. Mais très vite ils se rassurent et s'emploient à visiter les monticules en quête d'airelles desséchées de la saison dernière, qui se sont incrustées dans la mousse.

Nous traversons le marécage. En chemin les oursons détruisent de fond en comble deux souches vermoulues.

Il n'en reste plus qu'une poussière rousse. Du noir, leurs narines passent au marron clair et leur pelage se paillette de taches brunes. Puis ils s'emploient à grimper aux liens. Ils montent jusqu'à la cime et s'y balancent pour la faire ployer. Certaines branches se rompent en craquant sous leur poids, mais pas un ne chute : ils savent se tenir. Katia découvre une vieille pigne noircie par l'humidité. Elle s'installe à son aise pour la ronger comme il faut, en recrachant les écailles à l'aide de sa langue : elle teste au goût tout ce qu'elle trouve.

Vers midi, le soleil commence à taper. Un voile trouble plane au-dessus du marécage. Ramollis par la chaleur, les oursons ont le souffle court. Nous allons nous réfugier dans un bois. C'est alors que nous tombons sur un trou rempli d'une eau jaunâtre. Ils s'y plongent aussitôt pour s'y baigner. De loin j'émets des signaux d'appel insistants, mais ils ne peuvent se résoudre à sortir de leur flaque. Enfin ils me rattrapent et me suivent. Des reflets rouge cuivre habillent maintenant leur pelage trempé. Ils marchent d'un air digne, l'un derrière l'autre, et notre procession dégage un effet de force et de sérénité.

Nous passons encore plusieurs jours au Pré-Martinova. Aux journées moroses succèdent des journées ensoleillées, et aux nuits de tiédeur des nuits de froidure. Tous les jours à l'aube nous allons « travailler » en fréquentant régulièrement les mêmes sites pour ne pas perturber les oursons. Il en va de même dans le milieu naturel où la mère ourse conduit sa portée en un lieu grand de 6 à 8 hectares qu'elle se réserve pendant une douzaine de jours avant d'en choisir un nouveau.

La pesée montre que les oursons commencent à prendre du poids. C'est donc qu'à compter de 6 mois ils sont capables de subvenir à leurs propres besoins en ne se nourrissant que du fourrage naturel offert par la forêt.

Vient la saison des myrtilles, et nous quittons le Pré-Martinova où, cette année, la baie n'a pas mûri. En quelques heures nous arrivons à la frontière de la réserve pour y investir un nouveau territoire.

À l'occasion d'une nouvelle « séance de liaison » avec ma femme, je récupère ma tente que je plante à un kilomètre d'un fourré de myrtilles – un lieu modeste mais fertile. Je suis maintenant armé d'une caméra dans l'espoir de filmer les différents épisodes de la vie des oursons en vue d'une analyse éthologique ultérieure. Plus d'une fois, j'ai dû faire tourner le moteur à blanc, le temps que les petits s'habituent à son cliquetis discret mais suspect. Ne sachant pas grand-chose de l'art du tournage, je préfère continuer à tenir régulièrement mon journal « à la main ». On ne sait jamais.

J'ai planté la tente dans une jeune boulaie aérée au bord d'un champ de trèfle. Deux nuits durant, il me faut guerroyer contre les oursons qui ont des visées sur mon abri. Finalement, des rapports de respect mutuel s'installent entre nous : ils ne viendront plus à ma tente et je n'irai plus dans les fourrés où ils ont aménagé leur reposée. La tente est certes une construction fragile qu'ils pourraient dévaster sans effort, mais elle comporte un avantage incontestable sur l'izbouchka : à toute heure du jour et de la nuit, je peux glisser un œil par chacun des quatre côtés pour voir ce qu'ils fabriquent, alors que dans l'isba, je devais pour cela faire grincer la porte...

9.

FOURMIS ET MYRTILLES

La vie des oursons a bien changé. Maintenant ils folâtrent au bord d'un pré, parmi de jeunes trembles et bouleaux, barbotent dans un ruisseau à demi tari et ne vont à la réserve que pour cueillir des myrtilles. Pour la première fois, j'ai pu observer un ours en train de dévaster un nid de mulots. Voici comment...:

Tocha et moi marchons côte à côte, mais soudain il s'arrête, plante son museau dans la terre et se met à la flairer avec un puissant sifflement. Assis sur son train arrière, il commence à creuser un trou d'une patte, puis de l'autre, à tour de rôle. Parfois il marque un arrêt, fourre le nez dans le trou et reprend énergiquement son travail. Katia et Yachka s'attardent de leur côté à manger de l'oseille des champs. Personne ne dérange Tocha. Enfin, après un dernier coup de patte griffue, il déterre un nid : une boule d'herbes sèches. Celui-ci est vide, mais l'ourson s'acharne encore longtemps à le réduire en miettes avec l'espoir d'en trouver les occupants. Il abandonne bientôt, ne laissant derrière lui qu'un relief de détritus et de terre fraîche, avec un trou conique d'une quinzaine de centimètres de profondeur. Quand arrivent Katia et Yachka, ils flairent les derniers résidus et passent leur chemin sans s'y attacher davantage.

Nous trouvons à la frontière de la réserve un panneau marqué de lettres rouges. Les ours grimpent au poteau et grattent les lettres mais, comme il n'y a là rien qui se mange, redescendent et vont plus loin. De temps à autre l'un d'eux entame à grand bruit l'ascension d'un arbre sur 2 ou 3 mètres, s'arrête là, revient à terre et disparaît dans les bois d'un pas chaloupé. Soudain, Yachka pousse un *ouh !* puissant, se lance au galop à travers un épais bosquet d'arbrisseaux et s'évanouit dans la nature. Au craquement des branches et du bois mort, je devine qu'il longe la route à une cinquantaine de mètres. Voyant cela pour la première fois, j'imagine qu'il a pris peur, mais de quoi ? Je fouille l'endroit du regard et marche, par inadvertance, sur un bout de branche en travers de mon chemin. Par un effet de croc-en-jambe, je m'étale lourdement à terre. Katia et Tocha renâclent et me dévisagent avec curiosité, ne sachant quoi penser de ma position si peu ordinaire. Pas le moindre égard pour Yachka qui continue de galoper en faisant tout craquer sur son passage. Je frotte mon coude meurtri, Yachka doit avoir de l'énergie à revendre, tout simplement. Il veut se défouler, la peur n'y est pour rien. Deux ou trois fois encore il me sera donné de voir un ours interrompre ses jeux pour foncer ainsi ventre à terre, tantôt s'éloignant à grand fracas sur quelque 80 mètres, tantôt revenant en arrière.

Les myrtilliers, ces arbustes vert vif aux limbes fermes et bien dessinés, poussent avec opulence entre les troncs des vieux arbres. Les oursons fourragent, mettent le museau dans les feuilles et grattent les racines mais ne s'intéressent guère aux fruits, encore trop verts il est vrai. Il y a pourtant, ici ou là, quelques baies mûres à point qui retiennent leur attention. Quand l'animal en repère une, il l'attrape à la bouche, l'avale et fouille le coin du regard : une autre encore peut-être ? Même comportement pour tous les trois. Puis, lassés par cette occupation, ils rejoignent la laie où ils avisent un parterre d'épilobes. Il sera bientôt piétiné, et les pousses les plus juteuses, dévorées. Retour aux myrtilliers. Je fais grésiller ma caméra. Les moustiques aussi font consciencieusement leur boulot…

Le jour même, nous allons dans un champ de foin. Les oursons avancent d'un pas lent, marquent un arrêt, se mettent à gratter la terre. Ils travaillent d'une patte, puis de l'autre. Leur trou creusé, ils y mettent la langue. Je constate alors qu'ils sont en train de dévaster de petites fourmilières.

Il arrive qu'une vieille écorce à demi pourrie se décolle de son tronc. S'il y a une fourmilière à proximité, les fourmis se plaisent à y déposer leurs larves du côté ensoleillé pour les réchauffer. Les ours savent les repérer en humant les arbres. Quand un chanceux tombe dessus, il commence par arracher l'écorce. À la vue des larves, il les examine comme à travers un viseur. Puis, avec un léger mouvement de la tête de bas en haut, il tire la langue et l'applique sur les insectes en produisant un clappement jouissif. En deux ou trois mouvements de tête et bruits mouillés de langue, c'en est fini du contenu de l'« incubateur ».

Mes oursons avaient déjà saccagé des fourmilières dans des tas de mousse, mais c'est aujourd'hui la première fois que je les vois s'en prendre à des nids sous terre. Je commence à recenser le nombre de fourmilières ravagées, ainsi que les techniques de pillage. Il n'est pas facile d'observer d'un coup trois oursons occupés chacun à sa propre cible. Si j'ai les yeux dans mon carnet, je ne vois pas ce que font les ours ; je choisis plutôt les ours, au risque d'écrire n'importe comment. Plus tard, en déchiffrant mes notes, je devrai suer à grosses gouttes et jurer de ne plus faire de gribouillis pareils. Mais à chaque fois, trop pressé, je recommence à griffonner des signes incohérents, à l'aveuglette. Et pourtant, j'avance.

Bientôt mes ours délaissent les fourmilières et nous entrons dans une boulaie bien éclairée pour l'alimentation du soir. J'essaie de ne pas perdre le fil de mes notes, mais je n'oublie pas non plus de me régaler de fraises des bois, en quoi j'ai quelque retard sur mes petits protégés.

Trois jours passent. Les oursons ont appris à attraper les fourmis. Si, auparavant, ils démolissaient d'un coup la fourmilière, mélangeaient les insectes à la terre et travaillaient longtemps de la langue pour retrouver ensuite les larves blanches perdues dans la mélasse, maintenant les choses ont changé. Assis près du nid, ils en ouvrent le couvercle avec adresse et prudence au moyen de leurs pattes antérieures (les deux longues griffes correspondant à l'index et au majeur), et dégagent ainsi la galerie intérieure où sont entreposées les principales richesses – les larves. Alors les oursons plongent la langue au centre de la galerie. Tous les trois agissent de la même manière.

En quelques minutes, un ours peut dévaster plusieurs nids en réduisant à néant leur contenu. Pour de jeunes plantigrades encore incapables d'attraper des proies, les fourmis constituent le premier aliment animal nécessaire à leur développement normal, après le lait maternel.

Le temps chaud et ensoleillé aide la myrtille à mûrir. Les arbustes verts se paillettent de fruits violets enrobés d'un voile gris clair. La myrtille est une baie courante dans les forêts de la région. Elle tient plus d'un mois et constitue l'un des principaux aliments d'été non seulement pour les ours, mais aussi pour de nombreux oiseaux et bêtes des bois.

Les oursons se sentent maintenant chez eux. Tous les jours, ils vont aux myrtilles par un chemin familier. En route, ils trouvent le temps de manger un peu d'herbe, de retourner une pierre ou un tronc, d'y chercher des insectes, d'arracher un morceau d'écorce dévoré par les scolytes et, s'ils y trouvent une larve blanche, de fourrager dans le coin en testant l'adhérence des écorces de sapin et de tremble.

Parfois mes compagnons se détendent : ils se battent à bras-le-corps, grimpent aux arbres, « jouent à chat » dans les bois. Ils maintiennent entre eux une liaison sonore permanente. Dès que je m'écarte, j'entends résonner un signal caractéristique : *tchou-ou-fff, tchou-ou-fff*... aussitôt repris par les autres. D'ordinaire, ces sons accompagnent notre marche. J'essaie de les imiter de mon mieux, à quoi ils réagissent favorablement. C'est un mode de communication naturel.

Dans les myrtilliers, ils se conduisent en maîtres. Chacun s'assoit près de l'arbuste de son choix et se met à l'ouvrage. On commence par les baies accessibles à la bouche, avec un étirement comique des lèvres. On saisit, on arrache. Quand il n'y a plus rien à cueillir, on commence à tirer vers soi l'arbuste d'une patte, puis de l'autre, avec les griffes écartées. Quand un secteur est peigné de la sorte, on passe à un autre et on reprend. Il y a dans les myrtilliers des zones tassées : ce sont les postes alimentaires, si caractéristiques des ours sauvages.

Chaque séance dure près de deux heures, rarement plus. Puis les oursons vont traîner dans les bois, ou bien s'installent pour le repos. Pendant la cueillette ils sont calmes, ne jouent pas, n'embêtent personne. Tout en eux semble traduire l'importance de cette occupation. Je me prends à envier leur sérieux. Chez nous autres les hommes, le repas est souvent prétexte à des parties de joie. Après une heure, une heure et demie de repos, ils se remettent aux myrtilles, et ce jusqu'au soir, en alternance avec des temps de jeu et de repos, sauf si je les ramène de force. Bientôt les oursons cessent de faire des façons avec les arbustes et, une fois en poste, arrachent les fruits en même temps que les feuilles. Maintenant, ils prennent une branchette entière et la passent au travers de leurs dents. Ce faisant, ils absorbent tous les fruits et une partie des feuilles. Leur portion à la bouche, ils se mettent à la mâcher mollement tout en recueillant les baies de la branche suivante. Nous rentrons au camp tard dans la soirée. Tout le chemin des myrtilliers au camp est constellé de fientes couleur d'encre.

Quand ils se nourrissent de myrtilles, les oursons ne mangent presque rien d'autre. Parfois (rarement), ils arrachent une feuille de coudrier *(Corylus avellana L.)* ou d'érable. Le soir, ils peuvent aussi se servir dans une fourmilière. Mais quand apparaissent leurs incisives – deux dents triangulaires et pointues sur chaque mâchoire –, ils commencent à consommer beaucoup de « flûtes à ours » *(Angelica sylvestris L.)*, grande plante ombellifère dotée d'une puissante tige juteuse. À la vue de celle-ci, l'ourson s'approche, flaire, croque, la couche à terre avec la patte et ronge le cœur juteux en découpant de beaux morceaux avec les incisives. Chez les petits, les incisives sont si peu développées que leurs gencives apparaissent quasi nues, ce qui évite de blesser le mamelon de la mère à la tétée. L'inconvénient, c'est la difficulté de manger les fourrages végétaux. Mais nous n'en sommes plus là : nos oursons possèdent d'ores et déjà des incisives superbes.

Au terme de mes observations sur le comportement alimentaire des plantigrades, il me semble que je suis arrivé à une conclusion importante : point n'est besoin aux oursons d'apprendre à manger par instinct d'imitation. Même dans un cadre naturel, en présence d'une famille ours structurée (avec la mère), les différentes formes de nutrition passent d'abord par la maturation, par la préparation des oursons aux aliments existants, par un contact avec la nourriture. Bien sûr, la mère joue ici un rôle important, mais il est peu probable, quoi qu'on en dise, qu'il soit intentionnel. Elle se rend simplement avec sa portée sur les sites où elle-même se nourrit, et dans les délais qui lui sont habituels. Il se trouve que ces délais coïncident précisément avec la maturité des oursons pour tel ou tel type de fourrage. Au printemps, par exemple, l'ourse fréquente les premières zones de neige fondue, les mieux exposées au soleil, où les graminées se révèlent plus précoces. Les petits en profitent alors pour prendre leurs premières leçons d'alimentation autonome. Viennent ensuite les voyages à la lisière des prés et dans les clairières, où les fourmilières sont très nombreuses. Les oursons apprennent à les attraper et passent maîtres en la matière. Maman ourse pendant ce temps se nourrit d'égopode *(Ægopodium podagraria L.)* et de tiges naissantes d'angélique (*Angelica sylvestris L.*, dite chez nous « flûtes à ours »). Plus tard, elle conduit sa famille aux myrtilles, que ses petits apprennent à manger. Et ainsi de suite, de place en place, jusqu'à l'automne.

N'allons pas croire, toutefois, que l'imitation ne joue qu'un rôle secondaire dans la famille ours. Ce serait faux. Mais les oursons, à un certain âge, se révèlent si bien préparés à la consommation de différentes formes d'aliments qu'un premier contact avec un type nouveau de nourriture suffit pour qu'ils apprennent à s'en accommoder d'une façon qui ne diffère pas fondamentalement du comportement des ours adultes. Cette propriété importante se manifeste même après la dissolution de la famille : les oursons d'un an et demi, d'ores et déjà séparés de leur mère, continuent d'élaborer leur comportement de chasseurs de nourriture végétale (de sorbes, par exemple, si l'année d'avant en fut dépourvue). Ils acquièrent en outre d'autres bases comportementales (sociales, sexuelles) qu'ils n'auraient pu tenir de leur mère par imitation.

10.

DE QUOI LES OURS ONT-ILS PEUR ?

Déjà, en sortant les bébés ours de leur tanière, j'avais pu constater leur instinct défensif : à la vue de mon bras tendu, ils se blottissaient au fond de leur repaire, renâclant, tremblotant. Quand je cessais de bouger la main, ils se calmaient aussitôt et l'un d'eux s'enhardissait même à s'approcher d'un pas bancal, lentement, avec une curiosité manifeste. Mais au premier mouvement, le vaillant ourson retournait dare-dare à sa cachette. Conclusion : dès l'âge de 2 mois et demi, 3 mois, l'instinct de fuite existe. Toutefois, il se manifeste d'une façon atténuée et, à peine déclenché, tend à s'éteindre. Autrement dit, les oursons ne connaissent pas vraiment la peur avant un certain âge, et se montrent vite rassurés – une supposition confirmée par la suite au cours de mon travail.

À chaque fois que nous investissons un nouvel endroit, les oursons, passé la première réaction d'anxiété, entreprennent d'inspecter les lieux : on glisse un œil dans chaque interstice, on pousse et on gratte les objets nouveaux, on les flaire, on les teste au goût... À ce moment, tout en eux n'est que curiosité. Les souches et les pierres aux formes saugrenues, une ramure de sapin décolorée par le soleil, des morceaux d'écorce, un trou de pivert au pied d'un vieux conifère, un bout d'étoupe tombé là Dieu sait comment, les feuilles d'une branche brisée de tremble qui bruissent au vent… tout ce qui défile sous leurs yeux fait l'objet d'un examen attentif. Ils m'ont beaucoup amusé le jour où ils ont dégoté en plein bois (mais que faisait-elle là ?) une vieille chaussure desséchée. Chacun à son tour dans le strict respect de la subordination – Tocha d'abord, Katia ensuite, Yachka enfin –, les trois oursons ont flairé l'objet avec l'air le plus sérieux du monde, l'ont léché sur toutes ses coutures, l'ont mordillé, y ont glissé la patte, l'ont fouillé, y ont fourré la tête, l'en ont ressortie (n'ayant rien trouvé), ont soufflé dedans, remis la patte, etc. Quand l'un s'affairait sur la chaussure, l'autre attendait patiemment son tour. Pas moins de deux minutes par ourson. Au bout du compte, Yachka a saisi la chaussure à la bouche et l'a emportée. Alors Katia est montée à l'attaque, aussitôt soutenue par Tocha, la chaussure a valsé, et vive le grabuge !

Il arrive que nous rencontrions quelqu'un au cours de nos pérégrinations. D'abord méfiants, les oursons finissent par s'approcher de l'inconnu, essaient de le provoquer au jeu, vérifient à coups de griffes la solidité de ses vêtements. En général, ça marche : le visiteur ne tarde pas à décamper. Mais parfois il faut convaincre, prier le bonhomme qui exhibe un sourire attendri à la vue de ces « charmantes créatures ». Les contacts prolongés avec les intrus sont mauvais pour les ours. Si, par malheur, je tombe sur une bourrique qui ne veut rien entendre et qui dit « connaître les bêtes », je prends le parti d'aller voir ailleurs avec les trois petits. Heureusement, ces rencontres sont très rares. Avec le temps, elles cesseront.

Chaque sortie apporte aux oursons de nouvelles impressions et enrichit leur appréhension de l'environnement. Ils s'approchent sans peur des objets insolites, attrayants à l'odeur ou au son.

Ce jour-là, nous suivons un sentier forestier. Il y a de la bise dans l'air. Les arbres gémissent, geignent, se plaignent, font pleurer leurs blessures et grincer leurs ramures. Soudain, quelque chose craque au-dessus de nous, et une énorme branche de tremble brisée par le vent s'écrase avec fracas à nos pieds. Pris de peur, les oursons renâclent, éternuent, mais, rassurés, s'approchent de la branche d'un pas oblique. Ils la flairent, s'affairent, mordillent quelques feuilles. Et passent tranquillement leur chemin. Un effarouchement éphémère. La curiosité s'est révélée plus forte que la peur. Certes, chaque bruit nouveau inspire la méfiance et parfois la frayeur, mais cette méfiance s'efface généralement devant la curiosité. Les oursons se comportent en investigateurs.

Mais ce jusqu'à la mi-juin. Passé l'âge de 5 mois, ils commencent à considérer les objets et les sons avec une prudence grandissante. Si quelque chose les trouble, ils courent aussitôt se percher sur l'arbre le plus proche. Ce faisant, ils font entendre de loin le bruit de leur présence, leur reniflement, leurs griffes sur l'écorce. Si je les laisse seuls et que je reviens sans m'annoncer par un signal sonore, mon apparition sème toujours la panique. Mais un claquement familier de la langue remet aussitôt les choses en place : ils dégringolent littéralement de leur arbre et accourent joyeusement à ma rencontre.

Ma tenue consiste en un blouson de toile couleur kaki, un pantalon de la même matière et des bottes en caoutchouc. Par temps froid, je passe aussi une veste de laine grise. Et je suis coiffé d'un bonnet gris. Parfois, dans les endroits secs, je troque mes bottes contre des galoches en cuir que j'ai cousues moi-même – chaussures légères et confortables. Les oursons sont accoutumés à mon allure. À moins d'une trentaine de mètres, ils me reconnaissent aisément à mon visage. Pour tester leur réaction à ma personne, je me cache dans un fourré et réapparais ailleurs, mais toujours dans un rayon de 20 mètres. Aucune marque d'inquiétude. Ils entendent le bruit, regardent dans ma direction et continuent de vaquer à leurs affaires. Mais si je m'écarte d'environ 50 ou 70 mètres et que je me montre de loin, ils s'en inquiètent aussitôt, se dressent sur leurs pattes arrière, renâclent avec anxiété et courent se réfugier à grand bruit dans les arbres voisins. Pour peu que j'avance toujours sans me signaler, ils montent jusqu'aux plus hautes branches. Quand enfin j'arrive à eux et qu'ils me reconnaissent, ils entament la redescente mais laissent encore entendre un reniflement suspicieux. Bref, les oursons reconnaissent de vue un objet animé jusqu'à une distance de 30 mètres ; mais prennent peur si ce même objet se trouve plus loin.

Quant à la station debout (sur deux pattes), elle est chez eux fréquente. Dès l'âge de 2 mois et demi, pendant leurs jeux, ils peuvent se dresser sur leurs pattes postérieures et s'affaler de tout leur poids sur un partenaire.

Mais s'ils se dressent en condition réelle, c'est en général pour exprimer une inquiétude. Quand un retardataire s'égare et perd de vue sa « famille », il commence à pousser des sifflements anxieux et, en station verticale, tourne la tête dans tous les sens pour voir ou entendre ceux qu'il recherche. Le cri vif d'un geai, le martellement d'un pivert entendu pour la première fois, le craquement d'une branche, la voix d'un homme ou le bruit de ses pas, le clappement d'un écureuil, les bruissements les plus divers, l'odeur fraîche d'un élan ou d'un ours, tout cela force l'ourson à se dresser. Au bout de cinq secondes, rarement plus, il reprend rassuré (pas de danger) le cours de ses occupations. Dans le cas contraire, au bout d'un bref instant en station verticale, il court chercher le salut dans l'arbre le plus proche. Il suffit qu'un seul des trois donne l'exemple pour que les deux autres le suivent.

Par une journée maussade de bruine incessante, nous allons tous les quatre aux myrtilles. Alentour tout est détrempé. J'essaie d'abord de me protéger avec un bout de cellophane, mais le crachin suinte aux feuilles, aux arbrisseaux, aux herbes, et de partout ruisselle à grosses gouttes. Que je fasse un seul pas et je suis douché ! Foin de la cellophane. L'eau s'infiltre dans mes bottes, mes manches, mon col. Une humidité froide est dans l'air. Impossible d'écrire dans mes carnets. D'ailleurs, je n'en ai pas le goût. La forêt mouillée observe un silence languissant, plongée dans la torpeur.

Le garrot est le point le plus haut du plantigrade en station debout. Il est protégé par un pelage bien fourni. De là, le poil pousse dans le sens radial, de telle sorte que l'eau s'égoutte dans toutes les directions : vers la tête, la queue, les flancs, suivant le plan du poil dru. La fourrure épaisse empêche l'eau de pénétrer en profondeur. De temps à autre les oursons s'ébrouent, histoire de se délester un peu, et se sentent parfaitement à l'aise. Jaloux de leur pelisse bien taillée, j'attends avec impatience qu'ils soient enfin repus pour me retirer sous ma tente salvatrice. Je songe avec nostalgie au bon vieux temps où mes petits, par les journées de pluie, ne mangeaient presque rien et somnolaient dans l'attente. Maintenant, il semble au contraire que l'air humide et froid ne va que les motiver. Transi, je sens mon corps pris d'un tremblement fébrile. Mais les oursons imperturbables passent d'un arbuste à l'autre, tranquilles. Leur comportement ne dénote rien que le plaisir de vivre.

Je commence seulement à comprendre quelle immense quantité de myrtilles un ourson peut ingurgiter quand rien ne le dérange. Comme ce mâchonnement monotone ne semble pas près de finir, je m'apprête à y mettre un terme. Mais soudain, à ce moment-là, mes oursons se dressent pétrifiés sur leurs pattes arrière. Je tends l'oreille, mais rien. D'un bond les petits se précipitent vers les arbres voisins tout en s'emmêlant dans les arbustes inextricables. Tocha et Katia montent à l'assaut d'un gros sapin – c'est à qui doublera l'autre –, alors que Yachka s'élance au sommet d'un bouleau. Ils s'immobilisent enfin, figés comme glace. À travers le clapotis régulier de la bruine, je perçois alors un bruit confus de bouche mouillée. Un instant plus tard, une grosse branche craque. Accroupi, je scrute le coin. J'avise d'abord deux pattes grises, puis le fauteur même du trouble : un élan. Il a bien entendu le remue-ménage des oursons, évidemment, mais n'a pas craint de s'approcher davantage. Maintenant il est là, comme une statue, l'oreille attentive. Une minute passe – pas moins –, avant que le cervidé, un jeune mâle aux bois en pointe, ne tourne la tête et ne s'en aille au petit trot, sautillant, d'une démarche comique. À ce bruit les oursons grimpent encore d'une longueur, et j'ai peur d'en voir tomber. Mais tout se passe bien. Surmontant difficilement la crispation de mes mâchoires transies, j'émets une série de signaux, et nous reprenons le chemin du camp. Un grand merci à l'élan vagabond. Les pieds dans les flaques, je fonce, hardi petit ! sur les branches en travers de ma route. Tant pis pour la douche froide : plus mouillé que moi, ça n'existe pas.

Je me déshabille sous la tente et plonge aussitôt dans mon sac de couchage. Au-dehors la bruine continue. Près de là, j'entends le souffle régulier des oursons. Ainsi commence une courte nuit d'été. Je donne libre cours à ma paresse et me laisse entraîner dans le sommeil. Mon journal, je l'écrirai demain.

Un ourson secoue violemment la tente et me réveille. Au premier coup d'œil glissé au-dehors, je suis aveuglé par l'éclat du soleil. L'autre a déjà détalé, qui tirait sur les ficelles, et je ne sais pas duquel il s'agissait. Je m'habille, mange un morceau et sors. Le soleil commence à chauffer. Un voile de vapeur s'exhale de la terre gonflée d'eau, et se dissipe aussitôt. La forêt lavée renvoie un écho sonore. Les oiseaux gazouillent. On entend même, du côté du village, un beuglement de vache, un aboiement de chien, un chant de coq. Je suis d'une humeur excellente. Les oursons aussi. Ils ne m'ont pas attendu pour aller paître dans la jeune avoine. Tocha mange couché, Katia et Yachka, assis. Je m'installe au soleil, exposant tour à tour mon flanc droit, puis le gauche, à ses rayons. M'apercevant, les oursons se lèvent et me traînent en direction des myrtilles à travers la forêt. Je leur emboîte le pas tout en consignant dans mon journal les événements de la veille. À la frontière de la réserve, les oursons se précipitent vers les premiers arbres venus. Il y a par là une route forestière. J'entends un craquement, un souffle de naseaux et… une voix humaine. Les oursons sont à la cime des arbres. Derrière un muret d'arbustes qui sépare la route de la forêt multi-centenaire, je distingue un homme à cheval. C'est le chef garde forestier de la réserve, qui peine à maîtriser sa monture effarouchée. Nous échangeons quelques phrases. Il lâche une réflexion sur ma « famille d'ours » et passe son chemin. C'est la première fois que je vois mes oursons prendre peur pour de bon.

Pour les rappeler, il me faut m'éloigner en émettant mon « indicatif » dans la langue des ours, mais rien n'y fait. Je reviens à eux et m'éloigne à nouveau, sans plus de succès. Confortablement calés sur leurs branches, ils regardent en bas mais ne descendent pas. Fait sans précédent, ils resteront perchés pendant vingt-sept minutes. D'habitude, ils descendent aussitôt montés voire au bout de trois, quatre, cinq minutes s'ils sont très effrayés. Cette fois, ils se laissent glisser à terre avec moult précautions, s'avancent sur la route d'un air circonspect, hument la trace du cheval… et se mettent enfin sur mes pas.

Les michkas se baignent dans un ruisseau qui gazouille, gonflé des pluies de la veille. Ils y soulèvent des nuages de gouttelettes. Après s'y être abreuvés, ils s'enfoncent avec moi dans la forêt. L'heure est au jeu : on se court après, en quoi Yachka fait preuve d'un entrain particulier. C'est la deuxième fois que je le vois s'exciter, tourbillonner, sauter sur les arbres à 1 ou 2 mètres de haut, rebondir, piquer un cent mètres, revenir sur ses pas en faisant craquer les branches. Ni Katia ni Tocha ne prennent part au jeu, bien que Yachka les y invite à deux reprises (il s'approche en sautillant avec un balancement de la tête). Nous voilà aux myrtilles, et les oursons calmés s'attellent à la cueillette.

Mais tout de même : ils se comportent aujourd'hui d'une façon étrange. D'habitude, aux premiers signes de présence humaine, ils détalent dans les bois. Je m'éloigne avec eux, ce qui permet d'éviter la rencontre. Des botanistes ont des cultures expérimentales dans le coin, et l'endroit est assez fréquenté. Mais nul ne nous voit ni ne soupçonne que nous habitons par ici.

La première rencontre impromptue se produit avec ma femme. Ni les oursons ni moi-même ne l'avons vue sortir des bois. Elle s'est accroupie dans les myrtilliers et nous a observés longuement. Puis elle s'est levée pour s'approcher le plus discrètement possible. Quand je l'aperçois, elle n'est plus qu'à une vingtaine de mètres. Les oursons continuent leur cueillette comme si de rien n'était. Ils ont entendu Svetlana venir, mais n'y ont point réagi. Ma femme ne se cache plus et s'avance vers Tocha. L'autre la regarde, s'approche, la flaire, s'installe à côté d'elle et poursuit son ingestion : aucune réaction. Ma femme et moi échangeons quelques gestes, et elle disparaît. Une demi-heure plus tard, des voix sonores roulent à travers bois, déchirant le silence. Ce sont trois employés de la réserve. Mais les oursons ne trahissent aucune peur et ne lèvent pas le nez de leurs myrtilles. Je lance un appel, j'essaie de les conduire dans la forêt… en vain. Les marcheurs nous repèrent, baissent la voix, s'approchent un peu. Tocha et Katia abandonnent leur poste et s'avancent en direction des nouveaux venus, s'arrêtent à 2 ou 3 mètres de distance, hument l'air avec insistance et s'en retournent rassurés. Sachant à quoi je travaille, les visiteurs repartent sans insister. Vingt minutes plus tard, deux femmes apparaissent au milieu de la laie. Décidément, c'est la journée portes ouvertes ! Elles aperçoivent les oursons, engagent la conversation. Nous échangeons quelques phrases à voix basse. L'indifférence de mes bêtes à l'égard de ces gens me rend perplexe. Je n'y comprends rien. En principe, elles auraient dû détaler…

L'une des femmes se met à cueillir des baies et, absorbée, se rapproche insensiblement des oursons. Tocha et Katia font un bond de côté. Yachka aussi s'inquiète et renâcle, à l'autre bout des myrtilliers. C'est donc qu'ils gardent l'œil et restent aux aguets. Les femmes nous quittent. Trois heures entières passent encore à la cueillette, après quoi les oursons s'affalent sur place et s'endorment. Pendant leur sommeil, je me creuse la tête à interpréter les raisons d'une telle entorse à l'instinct défensif. En fin d'après-midi, au retour des employés de la réserve, les oursons qui fourragent paisiblement dans les myrtilliers tressaillent, renâclent et se retirent dans la forêt comme à leur habitude. Cette fois, les marcheurs ne nous verront pas. Les choses sont rentrées dans l'ordre. Selon toute vraisemblance, l'explication de leur trouble de comportement réside dans la forte peur suscitée par le cavalier du matin, un événement qui a perturbé pour un temps leur instinct. Il a fallu un sommeil réparateur pour que leur comportement retourne à la normale. Peut-être y a-t-il aussi d'autres raisons, mais je les ignore. Toujours est-il que cette anomalie ne s'est plus reproduite.

Notre expédition tire à sa fin. Je plie la tente, charge mon sac, jette un dernier regard sur l'endroit comme à mon habitude après plusieurs jours passés dans un camp, et reprends le chemin du village. Les oursons passeront quelques jours en cage, le temps que je fasse le bilan de mes observations. Le retour se fait sans histoire. Première pâtée pour les bêtes. Quant à moi, je passe au bain. On m'arrose à l'eau chaude sans pitié, au beau milieu du jardin, tant et si bien que je finis par craindre pour l'intégrité de mon épiderme qui n'a plus l'habitude d'un tel traitement.

L'analyse des éthogrammes révèle que les instincts alimentaire et défensif des oursons se manifestent corrélativement, avec une durée de manifestation variable en fonction de l'âge. Le comportement défensif-passif chez les oursons de 4 ou 5 mois n'est guère significatif : attitude d'orientation (station debout sur les pattes postérieures, repérage du signal) et attitude d'investigation (examen du lieu d'origine du signal, inspection olfactive et auditive). Si l'instinct de fuite se concrétise, c'est d'une façon éphémère :

l'ourson qui l'instant d'avant a pris peur est aussitôt rassuré. En revanche, le réflexe de recherche et d'investigation l'emporte à cet âge-là sur toute autre forme, ce qui se traduit d'une manière avantageuse dans l'élaboration du comportement alimentaire. En se déplaçant souvent d'un lieu à un autre et en examinant sans crainte les objets inconnus, le jeune animal se frotte de plus en plus aux différentes composantes de l'environnement. Cela tend à lui faciliter sa mission d'apprentissage (grâce à un volume d'informations croissant), outre que cela lui permet aussi de sélectionner un maximum de choix alimentaires.

À partir de 5 mois, l'instinct de fuite se développe aussi bien dans la fréquence que dans la durée. On voit s'élaborer tout un système de défense, d'orientation et d'investigation (analyse de la situation, anxiété croissante, fuite). Mais des formes complexes de comportement biologique sont d'ores et déjà acquises, qui permettent à l'animal de trouver et de consommer les principales composantes nutritives (naturelles). Quant à l'instinct de défense, d'une acuité grandissante, il ne fait qu'augmenter ses chances de survie sans pour autant freiner son apprentissage alimentaire. On sait par ailleurs que l'instinct défensif, quand il se manifeste, supplante l'instinct alimentaire. Il arrive souvent qu'un ourson alerté se dresse sur ses pattes arrière et oublie, ce faisant, de mâcher le fourrage qu'il serre à la gueule tant qu'il n'est pas assuré de sa sécurité.

Un jour funeste, le directeur de la réserve me convoque et m'annonce que l'ordre est tombé d'envoyer l'un de mes oursons à Moscou, à l'Exposition fédérale.

« Pour le montrer au public... » Après de longues palabres, nous jetons notre dévolu sur Tocha : le plus fort, le plus beau, l'ours russe le plus typique. Nous gardons Yachka, le moins précoce, pour le voir se préparer à l'hiver. Quant à Katia, la femelle, il va de soi qu'elle restera parmi nous. J'obtiens de haute lutte un sursis de dix jours auprès de la direction : j'ai très envie de voir évoluer une dernière fois toute la fratrie dans la forêt. L'autorisation conquise, nous disparaissons le jour même dans les bois.

Il me semble qu'il n'y a plus entre nous le même lien qu'avant. Pour vérifier le bien-fondé de ce pressentiment, je décide tantôt d'accélérer la cadence, tantôt de la ralentir. Ce faisant, je mesure la réaction des oursons, c'est-à-dire la distance qu'ils observent entre eux et moi pendant la marche. Plus tard, à l'analyse des relevés, je constaterai qu'il y a parfois jusqu'à 30, voire 50 mètres de distance quand l'objet stimulant, c'est-à-dire moi-même, se déplace lentement. Les oursons fouinent dans l'humus forestier ou rongent des tiges d'angélique, puis me rattrapent au pas de course. Mais si je presse le pas, ils ne se laissent guère distancer de plus de 5 à 15 mètres. Pendant les haltes, ils se dispersent et pénètrent même assez profondément dans les bois, ce qui ne se produisait pas auparavant. Si je pars à ce moment-là, ils me rejoignent au bout de dix ou quinze minutes en flairant ma piste. Ils ont alors l'air sûrs d'eux, comme si mon absence ne les avait aucunement troublés. Désormais, l'odeur de ma trace n'a pas moins d'importance que mon aspect physique. Avant, vers l'âge de 5 mois, les oursons se montraient très nerveux quand ils me pistaient à l'odeur – y compris tout proches ; ils se trompaient souvent de direction, auquel cas ils entonnaient des concerts de grognements. Maintenant, à 6 mois, ce n'est plus du tout pareil.

Le lendemain, je décide de brouiller ma piste et de les « semer ». Le temps qu'ils farfouillent dans un tas de bois mort, je m'échappe. Par deux fois je décris un cercle de 50 mètres et *hop !* saute sur un rondin qui se présente à mon pied près d'un amoncellement de troncs. Celui-ci prestement enjambé, je couvre environ 300 mètres en ligne droite dans la forêt. Après avoir cassé quelques branches, je m'installe du mieux que je puis dans un coudrier pour scruter facilement l'espace parcouru. Quarante minutes passent. Pas d'oursons en vue. J'attends un peu : peut-être vont-ils se mettre à claironner. Mais pas un bruit ne monte de la forêt. J'attends encore une heure et demie. Rien. Alors, n'y tenant plus, je reviens sur mes pas, persuadé qu'ils ont déjà regagné l'izbouchka du Pré-Martinova, d'où nous venons, ou bien le domaine central qui n'est plus qu'à une demi-douzaine de kilomètres, et d'où parviennent des bruits. Quel n'est pas mon étonnement d'entendre mes oursons pousser leur reniflement de détresse à l'endroit même où j'avais brouillé ma piste ! Dès que j'émets mon signal, la troïka accourt à mes pieds. Elle semble joyeuse et sereine. Mon absence ne les a en rien contrariés. J'en prends acte : dorénavant, si j'ai à faire ailleurs, je « perdrai » mes oursons pour une couple d'heures et filerai dans le village voisin.

Deux fois pourtant les oursons pourront me pister au bout de deux heures. Cela dépend uniquement des conditions météorologiques. Par temps sec et venteux ou par forte humidité (pluie, brouillard, rosée), la trace se montre très volatile.

Je conclus : si le comportement de mes oursons a changé, ce n'est pas que les liens soient moins forts entre nous, mais qu'ils n'ont plus peur de me perdre et sont sûrs de me suivre à la trace. Si à mon tour je « me perds », ils restent longtemps sur place sans s'éloigner de plus de 500 mètres, et je les retrouve facilement grâce à mon signal de ralliement. Dans le cours de mon expérience, il m'arrivera souvent de les laisser seuls dans les bois pour vingt-six, voire trente-huit heures, mais ils ne disparaîtront jamais nulle part, même à un âge plus avancé, connaissant parfaitement l'endroit et sachant très bien s'orienter.

11.

ET POURTANT, C'EST UN CARNASSIER

Il y a beaucoup de framboisiers tout autour de la réserve. Ils donnent chaque année. Les brûlis et les abattis ont leur préférence. L'arbuste met plusieurs années à forcir et à croître avant de se consteller d'une myriade de petites baies rouges. Il produira ainsi pendant deux ou trois ans. Mais l'on voit pousser avec lui des bouleaux, des trembles, des aunes, des saules. Ces jeunes arbres s'étirent en hauteur, se fortifient et, enfin, déploient leurs couronnes feuillues à la rencontre du soleil. Le framboisier tiendra longtemps encore à leur pied, mais sans la fécondité d'avant. Il finira par dépérir.

Nous franchissons la limite de la réserve et pénétrons dans les vastes abattis de la coopérative sylvicole voisine. En nous frayant péniblement un chemin par des sentiers à peine tracés dans la broussaille, nous arrivons à une framboiseraie que je connais depuis l'année passée. C'en est bientôt fini de son règne. Des rangées d'arbres à feuilles commencent à pointer vers le ciel, mais certains arbustes étonnent encore par la profusion de leurs baies. D'entrée les oursons se jettent au cœur du premier fourré venu, où j'entends bientôt craquer les tiges, bruire les lèvres mouillées, souffler les gorges satisfaites. Même technique qu'avec les myrtilles : on s'installe en position assise, on tire à soi toutes les branchettes à portée de bras, on les égrène et on va voir ailleurs.

Trois heures durant les oursons se gavent de framboises, sans bouger de plus d'une quinzaine de mètres. Je suis assailli par les taons et grillé sans pitié par le soleil, mais les autres font tranquillement leurs bruits de bouche

Katia attrape un mulot.

dans les buissons. Enfin, les voilà qui s'en extirpent. Ils viennent me voir et s'apprêtent à se reposer. Mais je n'ai pas l'intention de rôtir sur ce gril, et je vais chercher refuge à l'ombre salutaire d'un vieux bois, à 2 kilomètres et demi de là. Les oursons me suivent.

Nous avançons lentement à travers la broussaille quand soudain surgit à nos pieds un levraut qui, l'arrière-train rebondissant, plonge dans un buisson. Les oursons ne l'ont pas vu mais leur réaction à son odeur dépasse toutes mes attentes : narines aux aguets, mouvements du corps à la fois souples, plastiques et vifs, ils sont comme transformés. Pendant plusieurs minutes ils ratissent les buissons dans tous les sens, mais sans sortir de la trace olfactive du levraut. Longtemps encore (nous sommes déjà loin), ils s'arrêtent et se figent dans une pose pétrifiée, sur le qui-vive, tournant la tête. C'est une réaction de carnassier caractéristique des gros mammifères. Chez mes ours, elle se manifeste pour la première fois.

Des trois journées passées à la framboiseraie, je retiens que la framboise n'est pas chez eux un aliment aussi vital que la myrtille. Premièrement, s'il m'était très difficile de faire sortir les oursons d'un carré de myrtilles, je parviens à les rappeler sans peine des framboisiers au premier signal. Deuxièmement, en se gavant de myrtilles ils ne mangent rien en complément que des fourmis et un peu de verdure, alors qu'en régime framboise ils dévorent avec un égal plaisir des pousses d'épilobe *(Chamænerion angustifolium)*, des feuilles de coudrier et d'érable, des épis d'avoine, du dactyle *(Dactylis glomerata L.)*, etc. Voilà qui conforte mes observations antérieures faites auprès des ours sauvages – même quand la framboise est abondante, ils ne la fréquentent qu'à l'occasion. Peut-être cela s'explique-t-il par un facteur restrictif notable : les framboiseraies se trouvent en général à découvert, en des lieux qu'ils préfèrent éviter.

Nous migrons maintenant vers des prés dits de partage des eaux, parce que deux rivières y prennent leur source avant de courir dans des directions opposées. La Meja, gros affluent de la Dvina occidentale, coule vers le sud ;

et la Tioudma file vers le nord où elle rejoint le bassin de la Volga. De petits marais font jaillir des ruisseaux qui se faufilent d'un creux à l'autre et s'enchevêtrent en grandissant parmi d'innombrables monticules. Ils serpentent en babillant à travers bois, enjambent des troncs d'arbres noircis et polis par les eaux, s'étalent dans des prés riants où ils scintillent au soleil, puis filent de nouveau dans la pénombre des bois. L'herbe foisonne dans les prés de partage des eaux, où les fourmis investissent les buttes. L'endroit est souvent fréquenté par les ours dont on voit partout la trace : ici, le dôme d'un monticule arraché, signe qu'un plantigrade s'est régalé de fourmis ; plus loin, un petit trou creusé et des bottes d'herbes arrachées, séquelles d'une chasse au mulot. C'est là que nous faisons étape.

Il y a là dans une clairière un amoncellement de vieux rondins et de planches pourries – tout ce qu'il reste d'une grange où l'on entreposait le foin. Il y a longtemps que les foins ne sont plus fauchés par ici. Quant à la grange… J'aménage un abri dans ce fourbi, avec un toit de vieille tôle, et les ours vont au bois pour y trouver un nid. Nous resterons quelques jours.

Le temps se gâte dès le premier jour, et la nuit se passe sous une pluie battante que l'aube ne parvient pas à dissiper. Ma montre s'est arrêtée (j'ai oublié de la remonter) – impossible de savoir l'heure qu'il est. La lumière du soleil est impuissante à percer la masse grise qui s'infuse alentour. Le rideau mat de la pluie pend sur la clairière. Les arbres s'estompent sur un fond dilué. Pas un chant d'oiseau. Même les oursons ne mettent pas le nez hors du bois.

J'allume en grelottant un petit feu où je prépare un déjeuner sans prétention. La fumée me fait tousser.

Un bruissement approche. Entre deux planches pointe le museau curieux de Katia. Je n'ai pas le temps de faire quoi que ce soit qu'elle s'est déjà jetée sur les dernières braises et se met à les piétiner, à les éparpiller avec fureur en écrasant du front les tisons qui crépitent. Inquiet pour elle (mais elle va brûler vive !), je la chasse. L'ours est donc un pompier, un pompier frénétique ! Des brûlures rousses fleurissent la fourrure de Katia au front et au flanc gauche, mais elle n'en paraît que plus aguerrie. J'étouffe consciencieusement les derniers charbons ardents.

Aux portes de l'automne, le temps humide et pluvieux accable moins les oursons qu'auparavant. Quelques minutes après que Katia s'est battue contre le feu, la troïka au complet commence à paître dans le pré. On ne néglige ni les pierres, ni les rondins à demi pourris, ni les souches vermoulues. Tout est examiné avec précaution : on arrache des touffes d'herbe, on choisit des racines, on grimpe aux arbres, on joue aussi, comme d'habitude. Je passe la journée sur leurs pas à envier leur fourrure imperméable, leur résistance à toute épreuve, leur santé.

Au soir, un vent léger déchire enfin le champ gris des nuages, les enroule en volutes et les emporte au nord-est. Le ciel s'éclaircit. Le soleil du soir s'embrase, orange et rouge, et des colonnes de vapeur montent des bois.

L'aube arrive avec tout un chœur de bruits forestiers et une brume légère qui bientôt s'efface au profit d'une journée limpide et chaude. Le jour est venu d'un nouveau rendez-vous d'approvisionnement avec ma femme, et nous marchons vers l'endroit convenu. Un gros tremble déraciné par le vent nous barre la route. Katia et Yachka l'escaladent, Tocha entreprend de passer par-dessous mais il y restera coincé : l'interstice était trop petit. Effrayé, il se met à hurler, agite les pattes et s'arrache en arrière avec une force telle qu'il emporte avec lui un vieux tas de feuilles de la saison passée, roule sur le dos et se retrouve assis par terre. Un instant sans bouger, il se grattouille la patte, puis l'oreille, se relève, recule un peu et revient à la charge en parvenant cette fois à ramper jusqu'à l'autre bord. Pourquoi n'a-t-il pas choisi de passer par-dessus, mystère. Une manifestation de son caractère, sans doute.

Encore quelques heures d'une marche tranquille, et mon cœur ne bat plus que pour la rencontre à venir. Soudain résonnent des pas paisibles, mais qui viennent du côté opposé au village. Les oursons se tiennent aux aguets : il y a quelqu'un. Il nous faut partir pour éviter de tomber dessus. Mais ma femme doit venir d'une minute à l'autre, comment lui signaler ma présence ? Le temps que je réfléchisse fébrilement à une solution, une chèvre se met sur notre chemin ! Une chèvre ordinaire avec son petit air curieux, ses deux bouts de corne et ses oreilles écartées… En un clin d'œil mes oursons passent à l'attaque, et la malheureuse n'a pas le temps de reculer. La chevrette à terre, ils se mettent à la rudoyer, à la griffer, à la mordre et à la tenailler avec une gueule encore mal armée de crocs. Je me jette à la rescousse de la bique, bientôt secondé par un homme accouru sur place. Un instant plus tard je m'empresse d'éloigner mes oursons excités qui renâclent et ne demandent qu'à se battre. C'est

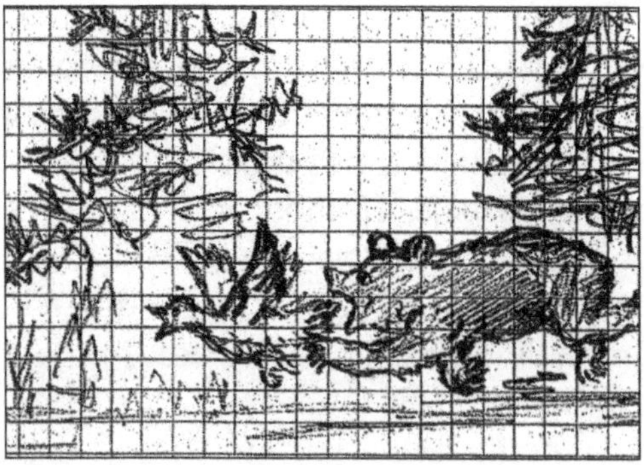

Katia traque une poule…

la chèvre d'un employé de la réserve, qui, apprivoisée et docile, accompagne souvent son maître dans les bois. L'attaque s'est passée comme un jeu, mais, à voir certains mouvements empreints d'agressivité, le jeu n'est pas si innocent que ça. Plus tard, en voyant un ours d'un an et demi dévorer un veau, j'aurai la conviction que mes

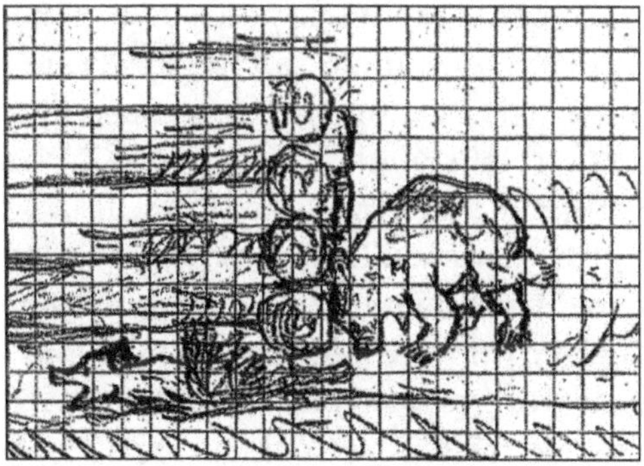

…et se cogne en attaquant un chiot.

oursons avaient considéré la biquette comme une proie avant toute chose. L'autre a tout fait pour broyer, déchirer et traîner le veau : exactement les mêmes mouvements que j'ai vu faire à mes trois petits.

Le levraut dans les framboisiers, la chevrette maintenant, voilà qui montre clairement qu'à l'âge de 6 mois et demi l'ours apprend déjà à se conduire en carnassier et s'emploie à trouver des proies. J'en aurai bientôt la confirmation.

Un jour, nous allons faire un tour à proximité du domaine central, à quelque 300 mètres du village. Je cherche un endroit où m'asseoir pour ne pas importuner mes oursons avec mes allées et venues, mais remarque à cet instant la pose inhabituelle prise par Katia : le corps ramassé, tendu vers un point précis, les pattes en ressort. Elle s'avance d'un pas léger, glisse, court ! Vient alors un caquètement désespéré de poule, puis il se met à neiger des plumes. Katia met tant de fureur à traquer sa proie que je comprends tout de suite l'inutilité de mon intervention. En quelques secondes, la poule est attrapée, plaquée à terre et déchiquetée d'un coup de mâchoire au ventre. Yachka, qui n'a pris aucune part à la chasse (je n'ai même pas vu ce qu'il fabriquait à ce moment-là), accourt sur place et prétend à la proie : geignard, il lacère le sol à coups de griffes ; non qu'il paraisse quémander, mais son comportement traduit plutôt une menace et une pression sur Katia pour lui faire céder sa prise. Katia dévore sa poule, plumes comprises, sans le moindre égard pour son frère. Alors Yachka tend fermement la patte pour écraser à terre un bout de l'oiseau. Katia se dégage violemment avec les restes, mais un bon morceau se détache sous les griffes de l'autre qui l'avalera sans se faire prier. De la poule, plus une trace.

Quelque temps plus tard, Katia (toujours elle) attaque un chiot qui lui tombe sous les yeux près d'une grange à l'orée d'un bois. Par bonheur, il s'en aperçoit à temps et s'esquive au dernier moment sous la grange. Dans son élan, Katia percute avec le front le bord d'un rondin : le trou est trop petit pour elle. Je découvre avec horreur que je n'aurais rien pu faire si elle avait saisi sa proie. Depuis je contourne le village à distance, me sachant incapable, en cas de situation critique, de maîtriser mes oursons qui grandissent.

12.

TOCHA VA À MOSCOU

Deux jours plus tard, je commence à préparer Tocha pour Moscou. Je songe d'abord à faire une cage grossière avec un grillage à volière pour l'expédier en camion, mais je préfère finalement essayer de le conduire en voiture, à bord de la vieille Moskvitch. Je le fais monter prudemment par la portière grande ouverte. Dès que le moteur démarre, il sort d'un bond et court se percher sur le sapin le plus proche. Pourtant, quinze minutes plus tard, après un entraînement patient, je lui fais faire le tour du village en osant des tournants serrés qui le projettent d'une portière à l'autre à l'arrière du véhicule. L'ourson ne proteste pas. Mieux : il a l'air d'aimer ça. J'ai même des passagers volontaires qui ont besoin de se rendre à Moscou, et que la présence de Tocha ne trouble pas. C'est justement ce qu'il me faut pour garder un œil sur lui : je suis au volant, et la route mobilise mon attention.

Pour sortir de la réserve, ce n'est pas si facile. Par endroits, les pluies récentes ont effacé ou creusé la piste. J'ai beau travailler du volant pour éviter les embûches, je me fais souvent piéger et la Moskvitch, voiture martyre, s'affaisse en crissant au fond d'un trou, rugit, vrombit, racle son ventre sur le gravier, mais va de l'avant, opiniâtrement. Enfin nous arrivons sur la route goudronnée. Nous arrosons la carrosserie avec l'eau d'un fossé. Après la finition, faite au chiffon, elle se remet à briller de tous ses éclats d'azur, comme neuve. Première sortie pour Tocha. Il fouine un peu dans les buissons, puis se laisse docilement remettre à sa place. L'une de mes passagères l'a pris en affection, sentiment étonnamment partagé par l'ourson.

Un grognement du moteur, un crissement des pneus sur l'asphalte, et nous voilà en route pour la capitale. Trois cents kilomètres à parcourir, une paille ! Nous décidons de couvrir la distance en marquant trois haltes, pour peu que Tocha ne manifeste pas d'exigence nouvelle. Plein d'essence à Rjev. À la vue de l'ourson, les deux jeunes caissières affichent un sourire ravi derrière leur guichet, frappent au carreau, lancent un mot gentil au micro et actionnent la commande de la pompe. Passé Rjev, des champs de blé jaune s'étirent de part et d'autre de la route. Nous trouvons même un champ d'avoine traversé d'un chemin étroit aux ornières profondes – des traces de télègues. Nous faisons halte. Pour la dernière fois, je veux me promener dans l'avoine avec Tocha : jamais plus l'occasion ne s'en présentera. Mes deux passagères nous accompagnent, auxquelles l'animal est déjà habitué. Tocha n'a jamais vu d'avoine mûre mais il ne tarde pas à arracher quelques tiges qu'il égrène une à une. Une minute plus tard, il furète déjà à travers le vaste champ d'or, plus par curiosité que pour s'y nourrir, bien que je ne l'aie pas fait manger avant le départ de peur que… Une ou deux fois encore l'ourson picore un peu d'avoine et flaire le sol argileux et roux en quête de mulots, puis nous remontons en voiture. Le gros du trajet reste à faire.

C'est une journée chaude. À Istra, nous sommes tous en nage. Tocha a le souffle rauque et bave la gueule grande ouverte. Nous faisons une halte forcée au bord d'un ruisseau. J'ouvre la portière. Craignant qu'il n'aille du côté de la route, je pousse un cri d'alerte et le conduis à l'eau. Tocha dévale le talus et pénètre dans l'étiage peu profond où il se vautre sur le flanc. Pendant vingt minutes, il émet des soupirs de bien-être sans vouloir sortir. Enfin je parviens à le remettre en place sous les cris des passagères : Tocha a mouillé leurs robes.

Nous entrons dans Moscou sans encombre. Aux abords de l'Exposition, un agent de la circulation me fait signe de m'arrêter, sans doute à cause de mon immatriculation provinciale ; mais, considérant avec respect mon passager qui trône sur la banquette arrière, il se contente d'un sourire avenant. Salut du képi et geste adroit du professionnel : « Circulez. » La livraison de Tocha se fait de la main à la main. On le place dans une vaste cage cylindrique. Il ne lui reste plus maintenant qu'à amuser la galerie dans l'oisiveté, le ventre plein.

Restent Katia et Yachka. Nous leur fabriquons deux cages spacieuses. En période d'attente, ils auront chacun la leur. Au début, ils se rebiffent : scandales, secousses, etc., mais ils finissent par se contenter de se voir à distance. Si nous les séparons, c'est qu'ils commencent à se mordiller mutuellement. Au départ, cette habitude – que l'on observe pratiquement chez tous les oursons en captivité – ne s'est pas manifestée très clairement. Dans les bois, les oursons affamés sont occupés en permanence à rechercher la nourriture. Les succions ne se produisent qu'au repos. Tocha n'y prenait aucune part. Quant à Katia et Yachka, ils se mettent dans une pose caractéristique : elle couchée, lui à ses côtés. C'est Katia qui commence dans la région du ventre, suivie par Yachka qui lui suce tour à tour l'oreille droite et gauche. Ce faisant, ils ronronnent de plaisir en émettant les sons propres à la tétée sous la mamelle : *er-er-er-er...* En captivité, certains ours peuvent sucer longtemps (jusqu'à 2 ou 3 ans) leur patte – toujours la même. Plus rarement, ils sucent un barreau métallique de la cage, là encore, toujours le même, ou n'importe quel objet accessible. Il est possible que les oursons se livrent aussi à ces succions mutuelles en milieu naturel, en famille, ou qu'ils se sucent la patte. J'ai déjà entendu des bruits de succion chez des oursons d'un an et demi qui n'avaient plus leur mère. De même, j'ai aperçu un ourson aux oreilles humectées, exactement comme Katia après le travail de Yachka.

Mes oursons séparés poussent des soupirs languissants avant de se coucher. Parfois, Katia suce sa propre langue. Yachka patiente stoïquement jusqu'à la prochaine sortie.

13.

DANS LES CHAMPS D'AVOINE

Une saison décisive approche pour les ours, celle de l'engraissage. Les hivers ne sont certes pas féroces en haute Volga, mais tout de même : quatre mois d'hibernation dans la tanière, plus un mois, voire un mois et demi passé dans l'attente de la première sève. Conséquence : l'animal s'efforce de faire le plein de graisse à l'automne.

La taïga de la région est pauvre en fourrages gras. Il y a peu d'airelle rouge, encore est-elle très fréquentée par l'homme. Il est rare que la noisette foisonne. Ne restent que la sorbe et la végétation herbeuse, qui forment la base de la nourriture automnale du plantigrade. Eh bien, d'août à la fin d'octobre, c'est suffisant pour qu'un ours s'engraisse en prévision d'un hiver sans histoires. Personne ici n'a souvenir d'ours maraudeurs*.

Les ours du coin se tirent d'affaire grâce aux semences d'avoine. La saison de l'avoine est courte, mais ils s'engraissent en peu de temps. Aussi, dès que gonfle le grain,

* C'est, chez les Russes, le fameux *chatoun* qui n'hiberne pas à défaut de réserves de graisse (donc par carence alimentaire) et qui maraude avec un comportement agressif et dangereux pour l'entourage animal et humain (NDT).

ils sortent des bois les plus impénétrables, prennent leurs quartiers à proximité des champs et, à la pénombre, s'avancent. Ils ont mis plus d'un siècle à parfaire leur tactique d'approche. Beaucoup l'ont payé de leur peau. Mais ils reviennent à chaque automne, commencent prudemment, à partir du bord, à piétiner les cultures. Ils seront là jusqu'aux moissons. S'il reste quelque part un carré oublié par le moissonneur, ils s'y attarderont longtemps, jusqu'à la première neige où ils éliront tanière près de là. Voilà pourquoi j'entreprends avec mes oursons une nouvelle expédition à Tokovié, hameau abandonné, où une vieille isba est encore habitable. La maison se trouve au beau milieu d'un champ d'avoine souvent fréquenté par des ours de tous les âges, sexes, tailles…

Deux jours avant le départ, comme d'habitude, je réduis la ration quotidienne des oursons jusqu'à la supprimer complètement la veille. Sans ce régime forcé, ils passeraient les trois premiers jours en forêt à ne rien manger. Un jeûne préalable de trois jours, d'après mes observations, n'a aucune incidence néfaste sur leur santé. Mais ma femme, partisane en toute chose d'une solution modérée, n'est pas de cet avis. Quand je mets les ours au régime, j'y mets aussi toute la maisonnée, hommes et bêtes compris. Or, si mes enfants et moi-même parvenons à contrer les efforts déployés par ma femme pour nous forcer à manger, il n'en va pas de même des chiens, des poules… et des ours. Je m'use à lui expliquer la nécessité d'un jeûne dans l'intérêt même de mon programme, mais non, elle va leur jeter un morceau en douce, c'est plus fort qu'elle. Une fois dans la forêt, je constate aussitôt les dégâts sur leur comportement, mais alors je n'ai personne à qui m'en prendre.

Au programme : l'analyse du processus d'engraissage chez les oursons. Sauront-ils accumuler suffisamment de corps gras pour passer l'hiver ? Combien pèseront-ils au moment d'hiberner ? Dans les zoos, les oursons nés dans l'année pèsent entre 50 et 60 kilos. D'après les informations fragmentaires données par les chasseurs sur la masse des bébés ours capturés pendant l'automne et l'hiver, on sait que celle-ci varie de 30 à 35 kilos. Pour approcher de ce chiffre, les miens doivent presque doubler leur poids en très peu de temps. Y parviendront-ils ? À voir.

Du domaine central à Tokovié, il y a une bonne dizaine de kilomètres à vol d'oiseau. Toutefois, compte tenu du contournement des deux villages de Yasnovitsy – le petit et le grand – où paissent les troupeaux, nous mettrons une journée entière et couvrirons plus de 25 kilomètres. Ce voyage m'offre l'occasion d'observer la réaction des oursons à la trace fraîche d'un élan et d'un gros ours adulte.

Nous marchons depuis 300 mètres à peine par le sentier habituel quand un craquement de branches retentit sur notre droite à une quarantaine de mètres. Le bruit roule à travers la forêt endormie et s'éteint : une grosse bête vient de passer. En un clin d'œil, les oursons bondissent à la cime d'un sapin et se pétrifient. Je m'accroupis pour les observer. Durant deux minutes, pas le moindre bruit. Puis Katia produit plusieurs expirations rauques, signe d'inquiétude. Encore une minute et demie, et ils commencent tous les deux à descendre en renâclant et en toussotant sous l'effet de l'énervement. Une fois à terre, ils se précipitent à l'endroit où la bête vient de se manifester. Comme je m'y attendais, je découvre sur place les traces fraîches d'un élan avec un relief excrémentiel frais. Lentement, sans bruit, les oursons inspectent et flairent toutes les empreintes, les déjections, les branchettes, l'herbe piétinée par le cervidé. Le museau pointé vers le ciel, ils hument bruyamment l'air. Katia grommelle un long *n-go, n-go, n-go* – son faible que les ours produisent plus par le nez que par la gueule entrouverte en situation d'alerte ou de danger indéterminé. La mère ourse émet quelque chose de semblable en conduisant ses petits, mais d'une façon plus sonore et claquante : *mngo, mngo, mngo !* Douze minutes durant, les oursons vont et viennent sur les traces de l'élan. Puis l'heure est aux jeux : deux boules de poil roulent l'une derrière l'autre par un étroit sentier.

Au bout d'un kilomètre et demi, nous tombons sur l'empreinte d'un gros ours. Sa plante fait 19 centimètres de large sur 10 de long. Si fraîche soit-elle, les oursons n'y attachent aucune attention. Le plantigrade est passé dans le même sens que nous, et ses traces apparaissent de temps à autre sur le sentier.

Nous parcourons encore 4 kilomètres. Les oursons insouciants chaloupent devant moi sur la sente forestière, mais soudain stoppent net le nez dans la terre. Toujours la même trace d'ours. Cette empreinte-là paraît dégager une odeur plus marquée, d'où la réaction des petits. Ne voyant rien de spécial que l'empreinte, je prends la tête de la marche. Ils ne suivent pas, contrairement à leur habitude, mais passent prudemment d'une marque à l'autre, les flairent sans lever les narines. Puis ils produisent un souffle fébrile. Je regarde autour de moi. J'avise un tas de bois à demi pourri : autrefois ce chemin était taillé, on faisait des piles avec les branches coupées. Balayé par le vent, le sommet du tas semble sec. Je m'y allonge. Sept minutes passent. Enfin les oursons abandonnent les empreintes, scrutent les alentours et, ne me voyant pas, reprennent lentement leur marche. À leur approche, je me lève pour me mettre en route mais mon mouvement semble les effrayer fortement. Yachka émet un criaillement effarouché. L'instant d'après, les deux oursons se retrouvent juchés à la cime d'un sapin immense. Ils ont fait beaucoup de bruit en grimpant, mais j'ai eu le temps d'entendre au fond du bois une branche craquer et un ours renâcler. Eh ! eh ! il était donc tout près... Les oursons ont senti son odeur, ce qui explique leur comportement timoré. Ayant entendu leur congénère, ils grimpent encore d'un cran. Leurs silhouettes noires se détachent maintenant à travers le sapin rameux, tout là-haut. Ils se tiennent immobiles. J'entends juste quelques expectorations. Je me blottis dans un coin. Au bout de dix minutes, un casse-noix vient se poser près d'eux sur l'arbre et entonne son chant grincheux. Il ne tarde cependant pas à s'envoler. Dix minutes plus tard, les oursons bougent mais ne descendent pas. Ils se calent sur les branches dans des positions plus confortables et s'immobilisent. Encore une heure. Une fois seulement, durant ce temps, quelque chose a craqué – je n'ai rien entendu d'autre. Enfin Katia commence à descendre d'environ 5 mètres, marque un instant de réflexion, puis remonte à son point de départ. Assise à côté de Yachka, elle enlace le tronc et ne bouge plus. Fatigué de cette attente, je commence à les appeler mais ils sont longs à se décider. Je tourne autour du sapin, produis des bruits de bouche, fais mine de partir, reviens sur mes pas… Ils rétrogradent de 5 ou 6 mètres mais restent sur leur perchoir. Ils mettront dix-sept minutes à descendre. À partir de maintenant ils utiliseront les arbres pour dormir et se reposer, jugeant sans doute l'endroit plus sûr.

Nous rencontrons plus loin les traces nocturnes de deux autres ours, mais elles ont déjà « refroidi » et mes oursons les ignorent. Arrivé à Tokovié, je place en lieu sûr mon sac à provisions et sors faire le tour des champs d'avoine. Les premières pistes d'ours sillonnent déjà les fourrés et les bois, mais il y a encore peu de traces en direction des céréales. Les sangliers, en revanche, ne se sont pas gênés. Çà et là se détache la double ciselure de leurs empreintes. Des tiges d'avoine sont couchées, comme coupées au sécateur. Des crachouillis de grain jonchent le sol. Les sangliers mâchonnent l'avoine, sucent l'essence, recrachent la moitié des enveloppes et avalent l'autre moitié.

Belle avoine cette année. Son tapis doré ondoie sous la brise avec un bruissement calme et régulier. Il exhale un effluve de miel qui met du baume au cœur et bloque la respiration. Depuis l'époque où j'ai travaillé aux commandes d'une moissonneuse-batteuse, j'éprouve ce besoin irrésistible de marcher dans les cultures, de froisser à la main les épis d'or, de humer la brise qui s'y perd.

Les oursons ont trouvé un rondin pourri en bordure du champ. Ils le réduisent en miettes pour y dénicher des fourmis. Ils ne connaissent pas encore le goût doucereux du grain qui gonfle, ni le sentiment de satiété qu'il procure. La forêt ne les a jamais rassasiés jusqu'à présent. C'est la faim qui les pousse à se remuer, à courir ici et là, à trouver des végétaux comestibles, des insectes, des mulots. La faim est le grand mot qui préside à la formation de leur comportement alimentaire et qui fait le lien avec l'environnement, ce lien dont dépend leur bien-être.

Ce soir, les oursons ne font que goûter l'avoine en arrachant quelques épis. Ils ne cherchent pas à pénétrer dans le champ. Je décide ne pas les y forcer – libre à eux de faire et de manger ce qu'ils veulent. Pour la nuit, ils choisissent un coin douillet dans une grange à moitié en ruine. Quant à moi, je me juche sur le poêle russe qui occupe le tiers de mon isba.

Les cinq premiers jours, les oursons mangent entre 150 et 300 grammes d'avoine (par jour), se nourrissant surtout d'herbes. Mais bientôt ils se mettent entièrement au grain, à raison de 6, voire 8 kilos par jour. Au début, ils sont gauches. L'ourson se poste au bord du champ, écrase à terre quelques épis et, assis ou couché, entreprend de picorer les grains un par un, comme les fourmis d'une fourmilière. Parfois ils saisissent une botte entière, mais toujours pour l'égrener grain par grain. Ils ne pénètrent dans le champ qu'en ma présence. Si j'entre dans le bois, ils m'emboîtent aussitôt le pas. Je les sens sur le qui-vive. Il faut attendre le sixième jour pour que leur comportement commence à changer vraiment : ils se glissent dans l'avoine, s'assoient ou s'allongent parmi les épis et se mettent à manger. C'est à peine si l'on voit poindre leurs petites têtes noires au-dessus du champ. Ils attrapent d'un coup plusieurs tiges, fourrent la botte entière dans leur gueule grande ouverte et, d'un mouvement de la tête aussi vif que coulant, de gauche à droite ou de bas en haut, passent les grains au peigne fin de leurs dents.

Les voyant absorbés par leur travail, je décide de les laisser seuls et de grimper sur une tour de guet vermoulue érigée quelques années auparavant exprès pour observer les ours sauvages. De là, je verrai mieux mes oursons, et les moustiques m'ennuieront moins. J'espère aussi apercevoir l'ours qui vient régulièrement se nourrir à l'autre bout de ce même champ. Mais à peine me suis-je hissé sur l'échelle branlante que Yachka et Katia sont au pied de la tour. Je n'en poursuis pas moins mon ascension et m'installe au mieux sur une planche noircie par le soleil et la pluie. Le champ entier s'ouvre à mes yeux, preuve que ce mirador n'a pas été construit là par hasard. Après un temps d'hésitation, mes oursons grimpent sur un bouleau voisin et s'y mettent à l'aise, sans doute en vue d'une bonne sieste. Je casse une branche qui me gêne, baisse le capuchon de mon blouson, m'enduis le visage et les mains d'une crème anti-moustiques et cesse de bouger – sans quoi il serait illusoire d'espérer la venue de l'ours. C'est, au vu de ses empreintes, un animal de taille moyenne, tel qu'on en voit parfois avant la tombée du jour. Les vieux mâles de grande taille ne viennent paître qu'à la nuit, sauf exception rarissime.

Ma méditation est interrompue par un grincement qui, dans le silence tendu du soir, résonne avec un relief singulier. Ce sont mes michkas qui descendent, las de leur perchoir. Ils vont pâturer au champ. Tant pis pour l'ours, au moins pourrai-je, chronomètre en main, rédiger la description du comportement alimentaire de Katia et Yachka à la faveur des derniers rayons du jour. Au bout de sept minutes, Katia se dresse en station debout sur deux pattes, renâcle et file vers le bois. Yachka fait de même, tient debout dix secondes, scrute les alentours, puis, ne voyant rien de suspect, se met nonchalamment sur les traces de Katia. Les oursons s'enfoncent dans le bois sur 50, peut-être 70 mètres. Je les entends monter à un arbre en griffant le tronc. Le reniflement de Katia cesse, et plus rien. Je décide d'attendre – peut-être en saurai-je un peu sur les raisons qui les ont fait fuir.

La pénombre s'épaissit, rendant l'observation malaisée. Fatigué de ne rien faire, je vais rendre visite à mes oursons. C'est à peine si je les discerne, à 20 mètres de haut sur un vieux sapin. Ils ne réagissent pas à mon appel. L'occasion est belle, pour moi, de me tapir au bord du champ. C'est le moment précis où le soir tourne à la nuit. Les habitants du bois sortent de leur cachette, qui pour se nourrir, qui pour se promener.

Mon attente est bientôt comblée. Derrière les taillis, où j'ai repéré des terriers, monte le glapissement d'un renard. Il se rend à la chasse, sans doute. Un bruissement traverse lentement l'avoine, qui se précise par un ronflement caractéristique : un blaireau, lui aussi amateur de céréales. Viennent alors mes ours, qui veulent retourner à l'avoine. Ils s'y allongent et se mettent à travailler de la patte. Je n'entends plus que le froissement des épis. Ce sera le repas le plus long, jusqu'à minuit et demi ! À 2 heures du matin, suffoquant et gonflés comme des ballons (je tâte leur ventre de la main), les oursons viennent à mes pieds et, fatigués, plantent le nez dans mes bottes.

Le jour suivant se passe dans l'oisiveté et le repos. Les oursons exposent au soleil leurs ventres arrondis et clignent lourdement des paupières. Le soir venu, nous allons au même endroit que la veille.

Dans un champ d'avoine, chaque ours a son secteur fourrager et empiète rarement sur le territoire de l'autre. Moi aussi je souhaite que nous ayons le nôtre. En terre « étrangère », mes oursons se montrent inquiets, se dressent sans cesse sur leurs pattes arrière, renâclent, tendent l'oreille et, au moindre danger imaginaire, déguerpissent dans les bois. Résultat : ils se nourrissent mal.

Aussitôt les oursons s'attaquent à l'avoine. Comme la veille, je me retire en douce pour épier, juché sur mon observatoire : je ne renonce pas à l'espoir de surprendre l'autre ours. Cette fois, j'ai de la chance. À 8 heures précises, Katia et Yachka cessent brusquement de brouter et se mettent sur leurs gardes. Je tends l'oreille. Rien. Katia tient dix secondes sur ses pattes postérieures, Yachka aussi se met en position. Ils renâclent avec inquiétude, quittent l'avoine et viennent se percher sur un bouleau à une vingtaine de mètres de moi. Dix minutes après, ils descendent et vont plus loin, grimpent au sapin de la veille au soir. C'est à peine si je peux les voir à travers les ramures. Vingt minutes passent avant que je me décide à les appeler par un clappement discret. Au troisième signal, une branche craque. Un ours renâcle d'une façon à peine perceptible. Je me retourne. Les craquements se rapprochent de mon perchoir mais je ne vois rien venir. J'ai mal aux yeux tant je scrute le noir. Erreur de ma part : l'ours est bien là, mais de l'autre côté, par où mes oursons ont trouvé refuge. Son souffle puissant est tout proche, il flaire ma trace dans mon dos. Je ne dois pas me retourner mais, pour tenter ma chance, je fais pivoter mon torse dans sa direction. J'y suis presque quand la vieille planche de mon siège me trahit en grinçant. L'ours laisse échapper un reniflement bruyant et s'écarte d'un bond dans les sous-bois. J'en profite pour me retourner. C'est le moment que choisissent mes oursons pour émettre des raclements de gorge. L'intrus s'y intéresse. Il fait le tour du sapin, hume bruyamment l'air en s'accompagnant de sons divers : *ouf-f-f, ou-f-f-f, tchou-f-f-f.* Les petits ne sont pas en reste, qui poussent aussi des sons sifflants et chuintants dans toutes les gammes. C'est à peine si je discerne les auteurs des signaux – l'adulte ? ou les juvéniles ? Enfin, soit que l'ours en ait assez de ce concert, soit qu'il ait éclairci la situation, émet deux *ouf-ff, tchouf* d'une manière lapidaire et tranchante avant de disparaître. Sa silhouette brune brûlée de gris est avalée par la nuit. Les oursons quittent rapidement leur arbre pour se mettre sur ses pas ! Mais, au premier contact avec la trace fraîche de la bête, ils se ravisent et, en un clin d'œil, filent dans le sens opposé. Ils courront loin, à en juger par le craquement des branches. *Ffouch-ch-ch,* lâche à ce moment l'ours adulte. *Tchfouch, tchfouch, tchfouch, tchfouch,* répondent les oursons à intervalles réguliers. Puis c'est le retour au calme. Longtemps encore je reste assis sans bouger dans l'attente d'un changement possible de situation.

La pénombre est déjà épaisse quand je vois l'ours sortir à ma droite à quelque 70 mètres. Aux jumelles, je l'ai reconnu. Mais il renonce à paître dans l'avoine et s'en retourne d'où il est venu. La nuit est tombée tout à fait quand j'identifie un bruissement qui trahit sa présence au pied de ma tour de guet. Je passe encore deux heures sans bouger, mais n'entends rien d'anormal.

Au mois d'août, les nuits en forêt sont si noires qu'on ne pourrait y voir sa propre main. Comme par un fait exprès, je n'ai pas de lampe de poche. J'essaie tout de même à tâtons de trouver l'arbre où se cachent mes oursons, pour les emmener avec moi. Je me porte dans leur direction (supposée) en émettant un signal discret. Il me semble que l'un d'eux vient de renâcler à une quinzaine de mètres. J'y oriente mes pas. Je clappe encore. Silence. Je décris un cercle et perds complètement mes derniers repères – le champ d'avoine, la route, le hameau… Un ciel sans étoiles. Une nuit d'encre, épaisse, plongée dans le silence originel. Je fais au couteau des entailles sur les troncs des arbres et, les bras tendus devant moi, me dirige vers le chemin présumé du champ. À chaque instant, je me pique à des arbustes épineux, trébuche entre deux racines, me heurte à des monticules dont je n'ai pas le souvenir, me cogne à des arbres d'au moins 2 brassées que je pense n'avoir jamais vus par là. Tendu, j'ai l'impression d'entendre un son, quelque chose comme un aboiement de chien, que sais-je encore ? J'ai beau savoir que c'est une illusion, je m'arrête et tends l'oreille. Dans le silence, le son me vrille les oreilles. Il me faut une éternité pour retrouver le champ. Enfin, à travers des barreaux de branches, je devine un trou noir et mat. Je suis au pied de ma tour. Je me laisse choir sur un rondin. J'essuie une toile d'araignée qui colle à mon visage écorché. De ma manche et de mon col, j'extrais des branchettes, des ramuscules d'aiguilles, des bouts de bois. Il est 1 heure et demie quand j'arrive à Tokovié. Je peste contre moi-même (sortir sans une allumette, franchement…) et me jette sur ma couche.

Au matin, je retrouve mes entailles et refais le chemin de la nuit. Cent vingt mètres à tout casser ! Je pousse un rire amer en découvre le seul fourré du coin – un coudrier dans lequel je me suis frayé un passage, conséquence de ma rigoureuse « méthode d'orientation ». Mes oursons répondent tout de suite à mon appel. Nous allons à la pâture du matin. La faim les tenaille, je le vois bien. Hier, ils n'ont pas pu manger comme il faut, et puis ils ont passé la nuit dans la ramure d'un sapin. Dès qu'ils arrivent au champ, ils font croustiller le grain. Mais la méfiance demeure. Katia et Yachka se dressent tour à tour sur leurs pattes arrière, cessent de mâcher et tendent l'oreille. Il suffit qu'un le fasse pour que l'autre l'imite. Ils n'ont pas l'air de faire grand cas de ma présence mais, dès que je m'éclipse, ils me rejoignent. Le visiteur du soir les a effrayés, c'est clair.

Ils broutent depuis une heure. Je fais le tour du champ par des pistes d'ours et de sangliers, histoire de voir un peu qui fréquente cette pâture. Les petits me suivent. D'abord ils marchent à mes côtés, puis ils s'enhardissent à prendre le large. Ils vont même jusqu'à s'enfoncer dans les bois pendant dix ou quinze minutes. Nous tombons en chemin sur une vieille semeuse cassée. Peinte en orange, elle contraste avec le fond vert de la forêt. Les oursons l'aperçoivent à quelque 70 mètres. Katia, aussitôt imitée par Yachka, se lève sur ses pattes postérieures, le souffle inquiet, les lèvres en trompette. Ils s'en approchent après mille précautions. Une fois fait le tour, ils s'en désintéressent et s'éloignent. Passé la semeuse, nous entrons dans la zone fourragère d'un ours, qui fait une centaine de mètres carrés. C'est un tapis de tiges couchées. Quelques grains oubliés s'accrochent encore aux épis comme autant de gouttelettes jaunes. Je ramasse une poignée au hasard. L'avoine est bien « peignée » : l'ours aura pris son temps, sûr de ne pas être dérangé. Il y a aussi des excréments frais.

En territoire étranger, Katia et Yachka se tiennent sur leurs gardes. Ils ne touchent pas aux déjections, qu'ils se contentent de flairer à un demi-mètre de distance, le nez tendu. À plusieurs reprises ils se dressent sur leurs pattes postérieures, l'oreille aux aguets. De là partent deux pistes bien dessinées. Nous les empruntons, les oursons marchent devant, et moi derrière. Les voilà qui s'arrêtent. Les pistes se rejoignent, puis divergent à nouveau, en croisent d'autres et finissent par s'estomper dans les bois : c'est que l'ours vient au champ par différents chemins, qui convergent en fin de course. Souvent, les pistes d'ours qui mènent à l'avoine peuvent serpenter sur plusieurs kilomètres.

L'exploration olfactive des pistes dure encore sept heures. Nous visitons trois autres territoires fourragers d'ours, rencontrons toutes sortes de marques excrémentielles anciennes ou fraîches, et marchons sur des traces de sangliers. Les oursons réagissent sans curiosité aux empreintes et aux déjections des sangliers. Peut-être sont-ils troublés par la proximité des odeurs d'ours. Nous tombons aussi sur une trace de blaireau. L'ayant flairée, ils promènent des yeux étonnés tout autour d'eux. Moi-même suis tenté d'en faire autant, bien qu'il n'y ait personne à la ronde. Puis je ris de moi, en silence : le blaireau ne vient ici que la nuit, mais son odeur est si forte qu'elle confond les oursons. En chemin, nous effrayons quelques gélinottes qui s'envolent à grand bruit d'ailes. Mais ils daignent à peine leur accorder un regard.

Peu à peu les oursons cessent de se coller à moi. Leur crispation s'efface. Pourtant, tout en eux montre combien l'odeur est quelque chose d'important : à aucun moment ils ne se sont livrés à des jeux au cours de la promenade. Même les souches vermoulues rencontrées en chemin n'ont pas attiré leur attention, à mon plus grand étonnement.

Depuis qu'ils se nourrissent d'avoine, les oursons boivent beaucoup. Mais nulle part en chemin nous n'avons rencontré d'eau. Accablés par la chaleur, ils ont maintenant la respiration haletante. Je les conduis donc à un petit étang envahi d'algues et de laîche, où jadis le bétail venait s'abreuver. À la vue de l'eau, ils s'y sont jetés en soulevant des cascades de gouttelettes. Une joie infinie. Ils nagent, plongent, se livrent à de vrais tournois et brassent tant d'eau qu'on ne les voit plus au travers de ce festoiement mouillé. Le pelage étincelant, chamarré d'algues et constellé de lentilles d'eau, ils sortent fourbus au bout d'une demi-heure et prennent le chemin de la grange pour s'y reposer. J'en profite pour cuisiner, recharger mon appareil photo et manger un morceau. Sur quoi, je m'endors sans m'en apercevoir. Quelque chose grince et me réveille. Je n'ai pas recouvré mes esprits qu'éclate un bruit de verre brisé. Levé d'un bond, je cours à la fenêtre et vois Katia filer à fond de train. Je suppose qu'une fois reposée, elle s'est mise à ma recherche. Montée sur le rebord, elle a dû mettre la patte au carreau. Le tintement du verre (ou la peur d'un sermon ?) lui a fait prendre la fuite. Il me faut d'urgence colmater la brèche avec un bout de cellophane pour me défendre de l'invasion des moustiques.

À 6 heures du soir, comme d'habitude, nous sommes au champ d'avoine. Les michkas s'y plongent de bon appétit, cependant que je remonte à mon perchoir. La vie va son train. Les oursons paissent. Par un mouvement bien rodé de la patte, ils tirent une brassée d'épis et mâchent avec un bruit voluptueux de la bouche. Juché sur ma tour, je les observe, scrute le champ, chasse prudemment ces saletés de moustiques, fais courir mon crayon sur les pages de mon carnet. Et j'écoute le silence. Dans la pénombre qui s'épaissit, des merles entonnent un chant pour la nuit, un tracteur gronde au loin, poussif, du côté du village, et l'écho d'un avion traverse le ciel.

Une journée chaude a cédé la place à la nuit fraîche. Une langue de brume sortie des bois s'allonge dans le bas du champ. Au pied de ma tour, dans l'humus, des mulots frétillent et chicotent. Une chouette se meut sans bruit dans l'air, à 3 mètres de moi. Le grognement d'un sanglier monte d'une clairière : les bêtes vont pâturer. Un bruissement parvient confusément à mes oreilles, si léger que j'en doute. Mes oursons, après un bref repos pris sur le bouleau voisin, s'en retournent à l'avoine, et leurs deux petites silhouettes se détachent sur le fond encore clair du champ de céréales. Encore quelque chose qui craque. Ils se dressent ensemble, station debout sur deux pattes. Une seconde plus tard, après une expiration chuintante *(f-ch-ch-chi)*, ils détalent dans le bois. Je les entends grimper à un arbre. Le silence règne pour un temps. Enfin, à l'endroit où la piste d'ours s'abouche au champ (à 50 mètres de notre coin de pâturage) apparaît une tache sombre. C'est lui. Un moment debout, il se vautre à terre et, avec un grognement sourd, commence à se rouler. Il se roule encore, puis se lève, s'ébroue bruyamment, longe le bord du champ et se dissout bientôt sur le fond noir des fourrés.

Je garde mon poste jusqu'à la nuit mais n'observe plus rien d'intéressant. Refroidi par l'expérience de la veille, je ne vais pas chercher mes oursons – ils n'auront qu'à dormir sur leur sapin. Je regagne mon isba… En chemin je tombe sur un troupeau de sangliers qui traversent le champ d'avoine à grand bruit de narines et de langue. J'entends le cliquetis sec des crocs d'un verrat qui mâchonne une botte d'épis. Soudain, le troupeau se change en glace. La brise lui a renvoyé mon odeur. Pendant une trentaine de secondes, c'est le silence complet. Puis le verrat pousse un sifflement brutal accompagné d'un *han !* sourd. Le troupeau se met en marche, son bruissement s'étire à travers le champ. Il s'engouffre bientôt dans la forêt, et c'est le silence.

14.

LA « BOUSSOLE » DES OURS

Mes provisions tirent à leur fin alors que les oursons commencent seulement à profiter de l'avoine. Le jour convenu, je vais à la rencontre du garde forestier qui doit m'apporter des vivres. Personne au rendez-vous. J'apprendrai par la suite qu'il n'était pas au courant. Il y a eu des ratés, sans doute, sur les ondes de Radio-Taïga. Tant pis pour moi.

C'est le moment ou jamais de tester la capacité d'attente des oursons en l'absence de leur « mère ». Dès le lendemain, j'essaie de les laisser seuls. Je m'enfonce dans un vieux bois ajouré de petites clairières pleines de framboises, de souches et de troncs pourris. Je m'écarte à la sauvette. Au bout de deux heures, toujours pas d'oursons en vue. Ma trace éventée, je me dirige vers le village de Jerdovka dans l'intention d'y faire mes courses et de revenir. Mais en chemin, je rencontre un ami qui se rend à moto au domaine central. L'occasion est trop belle, et je ne résiste pas à la tentation d'aller faire un saut chez moi.

La maisonnée me fait bon accueil mais exprime son inquiétude en apprenant que je suis venu à moto :

« Et les oursons ?! » J'explique qu'ils vont très bien, qu'ils sont en train de manger des framboises, de gratter des vermoulures et de chasser les mulots, et que d'ailleurs ils se portent mieux que moi qui n'ai pas encore appris à brouter de l'avoine. Mes propos font de l'effet ; on me

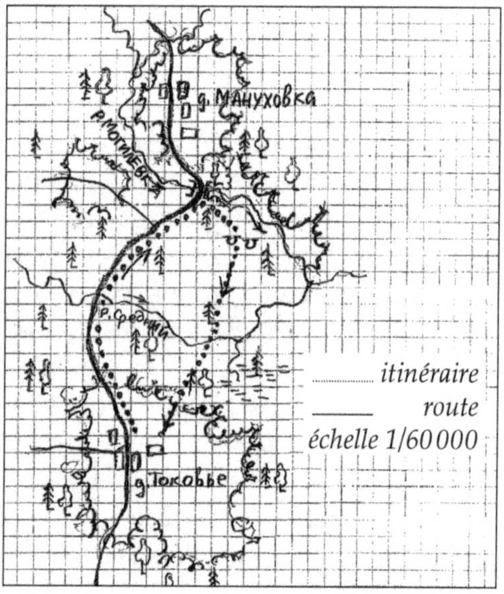

L'escapade de Katia et Yachka.

remplit de vivres un plein sac à dos et l'on s'empresse de me reconduire à la porte : vite, les oursons… Après moins d'une heure passée chez moi, me revoilà sur la route. Je songe à la trentaine de kilomètres qu'il me faut parcourir. Une voiture de passage m'avance d'un bon bout de chemin et, trois heures et demie plus tard, je suis déjà sur place. Cinq minutes suffisent pour que les oursons accourent à mon signal. Tout en raillant sans méchanceté la naïveté éthologique de ma femme et de mes enfants (comme si mes oursons avaient pu s'envoler...), je me sens moi-même très soulagé. Le temps de mon absence, mon cœur a battu comme un mécanisme d'horloge à la merci d'un grain de sable. Sans vouloir me l'avouer, je me suis fait du mauvais sang : le village n'est jamais qu'à 3 kilomètres de là, avec ses hommes et leurs animaux de ferme...

Mes oursons viennent de faire la démonstration qu'ils peuvent rester seuls longtemps. Déjà, à l'âge de 3 mois et demi, il m'arrivait de les laisser à 200 mètres de la cage, le temps pour moi de vaquer à mes occupations. Les bébés pouvaient alors tenir cinq ou six heures au même endroit. Au bout d'une semaine et demie, ils savaient rentrer d'eux-mêmes à la cage. Même chose pendant nos premières excursions forestières : ils ne s'égaraient pas. Les choses n'ont pas changé depuis. Il faut croire qu'en milieu naturel les oursons peuvent rester longtemps à un endroit donné si leur mère les y abandonne pour telle ou telle raison. Cette capacité d'attente permet à la famille de se retrouver au retour de l'ourse. Plus d'une fois encore je les laisserai, non sans mésaventure au demeurant.

Tous les villageois du coin savent qu'à Tokovié « le savant » vit avec ses oursons. Maintenant, l'avoine est à point. Les moissonneuses vont arriver d'un jour à l'autre. Je fais donc un saut au village de Yasnovitsy pour aller aux nouvelles : à quand les moissons ? Je trouve en chemin plusieurs moissonneuses-batteuses en pleine action. Des garçons tannés par le vent, le soleil et la fumée des moteurs se tiennent aux commandes de leurs machines au bourdonnement régulier, l'œil rivé sur le flux doré des céréales : surtout, ne pas tomber sur une souche ou une pierre qui sont légion dans ces champs perdus au milieu des forêts. Pour un levier actionné trop tard, il faut ensuite faire l'impossible avec les couteaux tordus sur le granit. Un moissonneur de ma connaissance me fait un signe amical de la main. Quand on fauche, pas le temps de parler : le temps est précieux. Au train où vont les choses, il est clair que les machines seront à Tokovié d'ici deux ou trois jours. Je reviens sur mes pas. Mon absence n'a pas duré plus de deux heures, mais elle me coûtera toute une journée de tracas.

Pas d'oursons au bord du champ où je les ai laissés. L'œil rivé au sol, je constate que leurs traces mènent à l'isba. Ils n'y sont pas. Et la grange est vide. Je parcours les lieux en émettant des signaux d'appel. Sans succès. Je vais à l'étang. Après la baignade d'hier, un rideau de lentilles vertes s'est reconstitué à la surface. Donc mes ours n'y sont pas venus. Sur la route, j'avise des traces humaines et je m'en inquiète. Une rencontre avec un inconnu a pu engendrer les pires conséquences, surtout pour les oursons. À l'analyse, je reconnais les empreintes de trois personnes : un homme et peut-être deux femmes, ou deux enfants – petites pointures de bottes à petites enjambées. Cela me rassure : un ours n'effraiera jamais trois personnes à la fois ; au contraire, mes oursons ont dû prendre peur, n'étant pas coutumiers de telles rencontres. La piste me reconduit à mon isba. Là, il y a eu des piétinements, puis les marcheurs se sont dirigés vers Manoukhovka. Passé la maison, je retrouve la trace de mes oursons : aussitôt sortis de leur grange, ils se sont mis sur les pas de ces gens. Je ramasse deux papiers de bonbon au bord du champ et trouve, un peu plus loin, un œuf dur intact – signe que les gens ont regardé les bêtes avec sympathie au point de leur offrir une gâterie.

Je file le long de la route en regardant de temps à autre sous mes pieds : les oursons n'ont pas cessé de suivre les marcheurs. J'avale 7 kilomètres sans les remarquer. Je franchis une rivière où commence un champ. Ici se perd la trace des oursons. Je m'arrête. Je scrute les lieux. Les gens ont continué, mais pas les bêtes. Je reviens sur mes pas et découvre, à 50 mètres à l'écart de la route, de l'herbe tassée. Ils sont donc allés dans les bois. J'appelle : personne. Ils auront sans doute craint de traverser le champ à découvert, préférant s'arrêter là. Mais cela reste à prouver.

La maison forestière, à la limite de la réserve, n'est qu'à 400 mètres. Je décide d'y faire un saut pour éclaircir les choses. Le garde-chasse m'accueille de bon cœur. Il m'apprend qu'un homme, une femme et une fillette étaient là deux heures auparavant : des anciens habitants d'un village du coin. S'ils lui ont parlé de mes oursons ? Oui, ils étaient au courant et de mes oursons et de ma personne. À Tokovié, ils m'ont appelé dans l'espoir que je leur montre les petits, mais ce sont les petits eux-mêmes qui ont montré le nez pour la plus grande joie des visiteurs. Les michkas les ont accompagnés jusqu'au coin du champ d'avoine, ont mangé un bonbon chacun mais ne sont pas allés plus loin. Alors la fillette leur a laissé un morceau de brioche et un œuf. La brioche, bien sûr, a été avalée sur place. Je fais au garde forestier le récit de mon pistage.

La nuit tombe. Nous décidons qu'elle nous portera conseil. Nous sirotons du thé avec un rayon de miel odorant, parlons de choses et d'autres, contons les chasses d'autrefois, les projets d'avenir, puis allons nous coucher. Aux premières lueurs du jour, nous sommes debout. Le garde-chasse prend son chien en laisse et nous partons à la recherche des fuyards. Nous sommes sur leurs traces, mais le chien refuse de les pister, préférant débusquer les écureuils. Par bonheur, une herbe rare pousse parmi les arbres, qui nous permet de suivre leurs empreintes illisibles sur le matelas de feuilles mortes de la saison dernière.

Mon compagnon est réputé bon chasseur, et je peux maintenant vérifier ses qualités exceptionnelles de pisteur. Il remonte la trace avec aisance, n'hésitant que rarement. À un kilomètre de la route, les oursons se sont vautrés sur un tas de vermoulures. Puis ils se sont dirigés vers Tokovié comme avec une boussole, avec des écarts de trajet insignifiants en raison d'obstacles à contourner. Ils sont tombés en chemin sur la reposée d'un gros ours. Selon toute vraisemblance, le « maître » n'était pas chez lui. Après avoir fouiné dans un gros tas d'excréments et dans un trou humide creusé par l'ours, ils ont suivi leur chemin.

La forêt s'éclaircit. Le champ d'avoine se profile au loin. Quand nous y parvenons, nous voyons Katia et Yachka se promener sur le toit de leur grange. À l'évidence, ils viennent d'arriver. Les ours n'étaient jamais allés du côté de Manoukhovka, aussi ne pouvaient-ils en connaître le chemin. Au retour, ils ont regagné Tokovié directement à travers bois sur une distance de 6 kilomètres, par où ils n'étaient jamais passés.

À 7 mois et demi, les oursons ont acquis leur propre boussole, désormais capables de s'orienter dans un cadre pour eux totalement nouveau. C'est donc que, laissés seuls dans la tanière, ils peuvent rentrer à tout moment. La seule chose qui puisse les retenir sur place, c'est l'attachement qu'ils nourrissent pour l'homme qui remplace leur mère. Le vieux garde-chasse a tenu à ce que je l'écrive. C'est fait.

Vingt jours après notre arrivée, nous quittons Tokovié. Les oursons ont grandi, et se sont arrondis. Leur pelage est luisant. Ils galopent moins, et grimpent aux arbres moins volontiers. Tout dénote en eux une satisfaction tranquille. Quand nous partons, des moteurs rugissent dans notre dos. Les moissonneuses-batteuses sont en marche sur Tokovié.

15.

QUAND VIENT L'AUTOMNE

Jerdovka. L'endroit fut jadis la proie d'un grand incendie. La pineraie a brûlé vite, mais une fumée bleuâtre s'est exhalée durant plusieurs mois du sol marécageux : la tourbe se consumait. Celle-ci réduite à néant, elle a cédé la place à des cuvettes vides. L'incendie a cessé. Les cuvettes se sont remplies d'eau et de roseaux. L'endroit s'est changé en un marécage inaccessible finement baptisé le Déluge par les gens du coin. On y voit des pins courts en alternance avec des aunaies touffues. D'impénétrables ribambelles de saules serpentent parmi les troncs blancs des bouleaux. L'endroit est toujours sombre et humide. Aux premiers signes du printemps, des coqs de bruyère se mettent à trompeter à la cime de pins tortueux. En été, les élans viennent y imprimer leurs empreintes profondes. L'automne est la saison des gélinottes qui défilent avec leur nichée dans un joyeux gazouillis. Mais là où la tourbe n'a pu se consumer entièrement s'étirent des tapis de mousse. Parmi de rares pins poussent l'airelle rouge *(Vaccinium vitis-idæa L.)*, souvent par fourrés entiers, ainsi que l'airelle des marais *(Oxycoccus palustris Pers.)*

montée sur des tiges fines à peine visibles. On rencontre aussi l'airelle bleue *(Vaccinium uliginosum L.)*. Cet endroit s'appelle le Brûlis. Entre le Déluge et le Brûlis se faufile la Discorde, un étroit ruban de bouleaux parmi lesquels subsistent encore quelques pieds de pins carbonisés. Pris ensemble, ces trois lieux constituent Jerdovka.

À l'automne, on y afflue en car, en voiture, à moto, avec des paniers, des seaux et des sacs à dos. Jeunes et vieux se dispersent dans la mousse pour la cueillette, et tout ce monde emplit l'air de cris retentissants, de sifflements encanaillés et d'« où-es-tu ? » tonitruants. On rafle tout : l'airelle bleue et rouge, même quand elle est encore blanche – ça finira de mûrir à la maison. Mais il y a des pins lointains, dont on voit la frisure verte, où les cueilleurs omniprésents ne s'aventurent pas encore. Là se nourrit l'ours, les années grasses. L'oiseau aussi volette dans les parages – le tétras, la gélinotte. Je m'installe avec mes oursons dans l'un de ces coins secrets pour une semaine : je veux les voir manger l'airelle, ce qui d'ailleurs doit leur faire du bien pour l'hiver. Un ruisseau sans nom coule ici, tantôt bu, tantôt dégorgé par les mousses. Les oursons aiment à s'y baigner, surtout dans un évasement où ils barbotent en brassant la tourbe noire. Puis ils vont se chauffer au soleil sur un duvet de mousse.

Nous allons manger les baies dans une petite clairière où l'airelle foisonne. Sa croissance est longue. Elle réjouit l'œil au printemps par son coloris vert tendre sur un fond encore marron gris ; et à l'automne, par ses grappes couleur de rubis qui pendent aux buissons.

Les oursons ont tôt fait de prendre possession des lieux. L'airelle est de leur goût, ça se voit. Ils plaquent les tiges au sol à l'aide de leur patte et cueillent les fruits à la bouche. Ils les croquent avec un plissement ravi de l'œil. Maintenant, leurs excréments se composent pour moitié d'herbe et de résidus d'airelles, pour moitié de baies entières avalées sans être mâchées.

Au bout d'une semaine, une bise cinglante monte du nord-est, qui apporte les premières gelées du matin. Les bouleaux jaunissent, l'airelle des marais rougeoie. On entend à présent les bruissements d'ailes lourdes – des envols de tétras. La bise se change en un crachin mordant. Les oursons commencent à languir. Ils passent des heures à bâiller, couchés, sans vouloir se nourrir. Ils peuvent dormir une journée entière sans bouger. Las de compter ces mornes journées de septembre, je prends avec eux le chemin du retour.

À Tokovié, les moissons sont faites. Des rangées rectilignes de moyettes s'étirent d'un bout à l'autre du champ. Une chevêche, huppe hérissée, est perchée sur l'une d'elles. Un busard plane à la lisière du bois. Il suspend son vol, bascule et fond comme une pierre dans la paille d'où il s'arrache aussitôt à grands battements d'ailes. Sans doute vient-il de rater sa cible, un mulot peut-être.

Mes oursons se précipitent sur la moyette la plus proche et commencent à se vautrer dans la paille. Puis ils s'empoignent avec force, ne font plus qu'une boule qui roule à terre et qui éclate sous l'effet du choc. L'instant d'après ils reviennent à la charge dans les pattes l'un de l'autre. Une minute entière passe à un échange de tapes et de brusqueries, qui d'un coup s'interrompent. Nous poursuivons notre route. Je décide de ne pas contourner le hameau suivant. Nous longeons une clôture de perches. Les deux petits s'y juchent et continuent leur marche en équilibre sur le bord supérieur, comme au spectacle, sous les exclamations enthousiastes des gens du coin – cinq maisons seulement – accourus pour voir mes petits d'ours. Les plantigrades ont beau faire des misères au paysan russe – et que je te saigne le bétail, et que je te piétine les semences… –, l'autre n'en prend pas ombrage et continue d'aimer la bête et de la tenir en estime. Pour peu que ce soient des oursons, tout le monde est prêt à leur offrir de quoi les régaler.

Retour au domaine central. Je fais mes préparatifs pour l'hiver. Mes oursons sortent tous les jours, vont au champ d'avoine voisin, pillent les fourmilières et reçoivent un complément de pâtée.

Léonid Krouchinski vient me voir dans la seconde quinzaine d'octobre. Le professeur veut tout savoir et la conversation se prolonge jusque tard dans la nuit. Dès le lendemain matin, nous allons dans les bois avec les oursons. En apparence, la présence de l'inconnu n'a pas d'incidence sur leur comportement. Mais je vois bien qu'ils se tiennent sur leurs gardes. Yachka découvre un nid de mulots et entreprend de le détruire. Il oublie un instant l'étranger. Mais dès que le professeur, sans bouger pourtant, s'apprête à le photographier, l'ourson renâcle, bondit, fait volte-face et se dresse sur ses pattes postérieures. Voyant que rien n'a changé derrière son dos, il se rassure et reprend son travail. Les petits se nourrissent d'herbe, inspectent les framboisiers, grimpent aux arbres et jouent, mais à une distance respectable. Dès que j'émets un signal sonore de danger, ils détalent au fond du bois, se perchent sur un arbre et scrutent les alentours. Nous continuons notre marche tranquille et parvenons enfin à un champ d'avoine. C'est alors que le professeur trébuche sur une motte de terre, perd l'équilibre mais se rattrape à temps en déployant les bras. En un clin d'œil, Katia et Yachka déguerpissent, chacun de son côté. Il est clair que les oursons l'ont à l'œil même s'ils n'en laissent rien paraître.

Nous atteignons un champ d'avoine encore non moissonné. Ils examinent les traces d'un ours qui vient d'y pâturer, puis s'installent et se mettent à l'ouvrage. Le professeur admiratif prend photo sur photo, émerveillé par leurs mouvements et leur don de « peigner » l'avoine sans laisser de grains sur la tige.

À midi, nous décidons de manger un morceau. Dans une clairière baignée par le soleil, nous prenons place sur un gros rondin et déballons nos sandwichs. À la vue du manger, Yachka tente sa chance et vient réclamer. Je le repousse. Résigné à ne rien ramasser de nos restes, il se met à faire croustiller l'angélique qui pousse ici à foison. C'est le moment que Katia choisit pour s'approcher en douce de l'appareil photo que le professeur a laissé là. Je prie mon ami de le mettre en sûreté : si Katia s'en saisit, nous ne le retrouverons pas en état de marche (un jour, elle a mordillé mes jumelles et perforé littéralement la monture métallique). L'appareil est mis en lieu sûr et Katia passe avec ses grands airs innocents, sans oublier toutefois de fourrer le nez à l'endroit où il était.

L'après-midi se passe au bord d'un champ d'avoine, à proximité du village de Stolovaïa. Le vent vient de là, apportant jusqu'à nous des échos de voix humaines, des beuglements de vaches et, bien sûr, toutes sortes d'odeurs. Mes oursons tournent la tête, se dressent droits comme des piquets, renâclent avec inquiétude, disparaissent dans le bois et reviennent au champ. Leur comportement dénote une forte anxiété. Selon le professeur, ils sont d'ores et déjà trop coutumiers de la vie sauvage pour recevoir une série aussi dense de signaux perturbateurs. Nous nous replions au fond d'un champ où ils recouvrent bientôt leur calme.

De retour à la maison en fin de soirée, nous échangeons nos impressions de la journée. Le professeur, qui n'en revient pas, est convaincu qu'il existe entre les oursons et moi un lien de même nature qu'avec une mère ourse. Que la comparaison soit flatteuse ou pas (une mère ourse, moi ?!), je l'accepte volontiers : il y a longtemps que je suis du même avis.

Nous élaborons notre programme pour la suite : après l'hiver, passer encore une saison entière avec les ours ; et, à l'automne prochain, leur faire subir des tests d'intelligence d'après la méthode Krouchinski. Pourquoi ces délais ? Il faut savoir qu'à l'âge d'un an et demi les ours se séparent de leur mère (de moi, en l'occurrence) et doivent subvenir seuls à leurs besoins ; aussi doivent-ils, à cet âge-là, être en pleine possession de leurs moyens cérébraux.

Le professeur reparti, il me faut envisager l'épisode à mes yeux le plus important de l'expérience : la préparation des ours à la tanière en milieu naturel, c'est-à-dire en pleine forêt. Comment s'y prendre ? Je n'en ai pas la moindre idée…

16.

LES DERNIÈRES EXCURSIONS

L'hiver est encore loin. Mes ours et moi marchons souvent dans la forêt d'automne qui commence déjà à se dévêtir de son feuillage coloré. C'est l'été indien. À travers un ciel serein, le soleil imprime ses dorures sur les troncs d'arbres. Il fait jouer des paillettes jaunes sur le feuillage frétillant des trembles. Il se baisse jusqu'à terre, où il chauffe de ses derniers rayons le velours de la mousse. La brise agite les feuilles mortes au sol, les traîne par les sentiers et les laies, les met en tas, les disperse à nouveau en ventilant des émanations qui n'existent qu'à cette saison : une exhalaison mêlée de champignons et d'arômes délicats de limbes fanés. Un casse-noix diffuse un cri grinçant qui rappelle l'approche de l'hiver. Des bouvreuils se font écho à l'aube, perchés sur des sorbiers. Des gélinottes effarouchées froissent lourdement leurs ailes. C'est petit, une gélinotte, mais ça décolle parfois avec tant de brutalité qu'on baisse la tête malgré soi.

Je ne reconnais plus mes ours. Qu'ont-ils fait de leur énergie débordante ? Ce sont deux lourdauds pleins de graisse qui se traînent nonchalamment entre les arbres en attrapant les dernières pousses vertes et en les mâchouillant paresseusement. Ils ne reprennent vie qu'en chassant le mulot : là, finie la paresse ! Des mottes et des touffes d'herbe volent dans tous les sens, arrachées à la terre par leurs pattes griffues ; les mouvements se font vifs et précis, gracieux. Soudain l'ourson, qui l'instant d'avant excavait brutalement le sol, s'assoit et se met à détacher délicatement, rien qu'avec les griffes, une fine couche de terre au-dessus du nid. Celui-ci atteint, il y met aussitôt les deux pattes. Si des mulots s'y trouvent retranchés, il les extrait un à un en ouvrant le trou soit de la patte gauche, soit de la droite, et se met à les manger en clignant des yeux de plaisir. Quand le nid est vide, l'ourson l'examine encore une fois brindille après brindille – et s'il restait quelque chose ? – avant de se retirer.

Souvent, ils imaginent des jeux. Un jour, Yachka trouve un vieux seau sans fond. Il commence par le contourner prudemment. Il renâcle, hoche la tête. Katia observe la scène à distance. N'y trouvant rien de dangereux, l'autre y donne un coup de patte. L'anse se met à tinter – reniflement effarouché des oursons qui s'écartent d'un bond. Finalement, rien de grave. Yachka revient à la charge. Le seau roule, tinte rebondit, sur les bosses ! Katia s'y met à son tour, et ça commence ! On se l'arrache. Elle tombe à la renverse et le fait tourner au-dessus d'elle avec trois pattes, sans le faire tomber à terre. Yachka le lui enlève d'un coup violent et le pousse à la manière d'un tonneau, en s'aidant de ses pattes. Ce fracas de fer-blanc dure près d'une minute. Enfin le seau, écrasé et mordu de part en part, est abandonné. De nouveau les oursons se traînent nonchalamment d'un buisson à l'autre, et j'ai peine à croire qu'une minute auparavant ils faisaient les fous en emplissant la forêt d'un vacarme métallique.

Les jours de beau temps se font de plus en plus rares. On sent le froid. Il faut songer sérieusement à installer les ours pour l'hiver. On sait peu de chose quant à l'hibernation des oursons sous contrôle humain. Du côté de Novossibirsk, en Sibérie, les époux Ternovskié ont enfermé pour l'hiver un ourson qu'ils élevaient dans une niche matelassée de copeaux, et les choses se sont bien passées. Mais dans notre région, en milieu naturel, les ours se couchent presque à la surface sans autre protection thermique que la neige. Certes, le premier hiver se passe auprès de la mère. Ça réchauffe. Mes oursons vont-ils tenir sans aménagement artificiel ? Je n'en sais rien, il faut y penser.

À 300 mètres de chez nous, il y a trois ventis de sapins couchés en croix l'un sur l'autre. L'endroit me paraît favorable pour y aménager quelque chose de semblable à un repaire naturel qui se rapproche de la tanière de surface. Il ne me reste plus qu'à étayer les troncs avec quelques rondins et à consolider le tout avec du fil de fer. J'envisage de fermer l'entrée de la « tanière » avec un grillage métallique de ma confection une fois que les oursons y seront nichés. Je couvre le « toit » de ramures de sapin pour éviter les infiltrations. Dans la galerie, d'un volume de 90 x 80 x 80 centimètres, je place au sol un panneau de bois sur ressorts, raccordé par un système hydraulique à un curseur automatique. Celui-ci est fixé à 8 mètres de là sur la souche d'un énorme chablis. En effet, je souhaite enregistrer l'activité des oursons en régime d'hibernation. Je clôture le territoire à l'aide d'un grillage à volière de crainte que les chiens n'approchent. Enfin, je dresse une tente à 7 mètres de la tanière, que je perce d'une lucarne par où je pourrai observer le comportement de mes animaux. Ceci fait, il ne me reste plus qu'à attendre.

Du 8 au 15 octobre, je réduis progressivement la ration journalière des oursons ; à un jour de notre sortie, je les fais jeûner ; et le 16 octobre, nous allons dans les bois.

Une saison splendide ! La forêt revêt des parures colorées. Les bouleaux, vêtus d'or, attendent docilement les rigueurs du mauvais temps. Les trembles rougeoient, leurs hautes cimes bruissent et s'effeuillent en autant d'étincelles. Touché par les premiers gels, l'érable s'enflamme ! Vert-jaune à la base, il rougit de bas en haut, rutilant comme une framboise, flamboyant au sommet. Le sorbier, si modeste en été, s'orne de lourdes grappes juteuses pour le plaisir des oiseaux et des bêtes des bois. Il ne donne pas partout, ni tous les ans. Mais parfois, à l'orée de la forêt ou parmi les ventis, l'arbrisseau croule sous le poids des baies. C'est le cas de la clairière où nous prenons nos quartiers.

Le tapis multicolore des feuilles mortes est jonché de fruits rouge orange secoués par les oiseaux. Au bord de la clairière, un sorbier a été froissé et piétiné : un ours a dû festoyer par ici. Il y a par terre le duvet gris cendré d'une gélinotte ; sans doute est-elle tombée sous la patte d'un tétras en picorant la sorbe. Les oursons se mettent d'emblée à ramasser les baies au sol. Comme d'habitude, ils éventent les empreintes de l'ours en attachant une attention particulière à ses excréments. Les plumes de la gélinotte ne leur ont pas échappé : ils les flairent longuement, les tripotent du bout de la patte. Puis ils font ployer de petits sorbiers pour atteindre les grappes alléchantes qui se balancent en hauteur. D'abord, l'ourson regarde les baies. Ensuite, il porte son regard sur le tronc de l'arbrisseau qu'il reconnaît sans erreur parmi les trembles, les bouleaux et autres sorbiers qui poussent au même endroit. Enfin, il cherche à le faire ployer de tout son poids. S'il réussit, il s'assoit dessus et se met à manger les baies qu'il cueille avec ses griffes ; s'il échoue, il recommence ou va choisir un autre sorbier. À plusieurs reprises, les oursons tentent de grimper aux arbres les plus forts mais, trop lourds maintenant, ils n'y arrivent plus. Bientôt repus, ils quittent d'eux-mêmes la clairière. Je leur emboîte le pas.

Quelques jours plus tard j'observe mes oursons en train de cueillir les fruits d'un grand sorbier dans un champ en friche envahi par les pins. Les grappes pendent à de fins ramuscules au bout des branches, inaccessibles même en grimpant. Plusieurs tentatives se soldent par des échecs. Les oursons sentent parfaitement la solidité des branches sur lesquelles ils sont juchés. Je ne les ai jamais vus tomber. Ils se hissent à plat ventre le plus près possible des grappes convoitées, s'agrippent avec trois pattes et tirent avec la quatrième une branchette à leur portée. Souvent, celle-ci porte des grappes. Si elle tombe, ils la regardent à terre avec une expression de regret, et entreprennent d'en arracher une autre. Quand ils attrapent une grappe, ils s'en délectent lentement, sans changer de position. Parfois, quand une branchette chargée de fruits s'écrase à terre, l'ourson descend la chercher. Katia est la plus agile ; quant à Yachka, il casse plus de branches qu'il ne mange de baies.

La sorbe s'étiole très vite. Il y a des années où elle tient jusqu'à l'hiver mais, cet automne, les pluies et les gels fréquents l'ont étiolée plus tôt qu'à l'ordinaire, et des volées de merles et de bouvreuils ont achevé la besogne. Après les grasses pâtures d'avoine, le comportement alimentaire de mes oursons a changé du tout au tout. Maintenant, ils ne s'intéressent plus qu'aux denrées qui foisonnent. Dès que la sorbe s'est raréfiée, ils ont cessé de s'y intéresser. Quand je les amène à des endroits où elle abonde encore, ils se contentent d'une cueillette paresseuse sans se fatiguer outre mesure.

Bientôt le temps tourne durablement à la pluie. L'activité des oursons baisse encore d'un cran. Par une journée pluvieuse et maussade, ils peuvent s'affaler sous un sapin sans réagir à mon invitation à la promenade. La monotonie de l'automne et des oursons me paraît sans fin. Le 28 octobre, je rentre à la maison pour faire ma toilette et des provisions. Il y a encore un mois d'inconnu en perspective : les ours ne vont à la tanière qu'à la fin de novembre.

Nous ne restons pas longtemps au domaine. Novembre n'est pas un mois pour rigoler : la neige peut venir d'un jour à l'autre. Comme les oursons y réagiront-ils ? Le 5, je me décide enfin à quitter mon logis bien chauffé pour l'humidité des bois. Toujours pas de soleil en vue. Aux journées grises succède la noirceur rebutante des nuits d'automne. Chaque jour s'abat un crachin monotone. Pas une miette de vent. Même les cimes des sapins les plus hauts sont figées dans l'air, tels de sombres cierges. Arbres et fourrés sont dénudés.

Au bout de trois jours, nous sommes au Pré-Martinova. Toujours la même izbouchka, toujours le même endroit familier jusque dans ses moindres détails. Il me faut bricoler sur la toiture qui commence à fuir, et la porte affaissée qui ne ferme plus. Le temps que je m'installe, les oursons ont disparu. Je les appelle. Un souffle rauque monte à une cinquantaine de mètres. Je décide d'y jeter un coup d'œil, et les trouve sous les racines d'un gros sapin : ils ont creusé pour s'y blottir deux petites cavités à 13 centimètres l'une de l'autre, bien protégées de la pluie par la couronne des arbres. À mon approche, ils se lèvent et renâclent. Je produis un signal sonore qui les rassure aussitôt. Mon apparition ne change pas grand-chose. Ils m'accordent à peine un regard avant de retourner au fond de leurs trous douillets. Nous nous séparons pour la nuit. Je prépare tout le nécessaire pour la sortie du lendemain. En me couchant, je rajoute au poêle des bûches humides qui brûleront plus longtemps.

La matinée est froide mais la pluie a cessé. Les nuages bas qui s'accrochaient à la cime des arbres se sont éclaircis et allégés. Ils ont filé au nord-ouest en laissant derrière eux des traînées blanchâtres. D'un pas lent, nous faisons le tour habituel, visitons les prés bas de la rivière Martinovka et marchons déjà vers l'izbouchka quand soudain le ciel s'assombrit et se crève en gros flocons de neige. Au contact de la terre mouillée, ceux-ci fondent instantanément et ne restent que sur l'herbe épaisse : des taches blanches s'illuminent dans les bois. Saupoudrés de neige, mes oursons semblent transfigurés en des personnages de conte qui se meuvent entre les troncs gris de la forêt. Mais voilà qu'ils s'ébrouent énergiquement, et je retrouve mes petits ours bruns. Je ne constate rien de spécial dans leur comportement. Parmi les ventis, ils s'attardent plus que de coutume sous les racines où ils essaient de se fourrer en grattant un matelas de moisissures. Je remarque aussi qu'ils prennent soin d'éviter les trous d'eau.

La neige reprend dans la nuit. À cette saison, avant même les premiers flocons, les ours se retirent vers leurs cachettes et, si rien ne les dérange, s'endorment dans leurs repaires. Je décide de regagner au plus tôt notre « tanière » pour que mes oursons y prennent leurs habitudes. Il tombe dans la nuit près de 3 centimètres de neige et la température descend à 1-3 °C au-dessous de zéro. Nous laissons sous nos pas une dentelle d'empreintes sombres qui aussitôt se remplissent d'eau. Les petits sont heureux de marcher. Ils me dépassent ou gambadent avec force éclaboussures. Nous arrivons pour midi. Je range le matériel sous la tente, connaissant le caractère retors, insolent et curieux de Katia. Les oursons ne prêtent aucune attention à mes préparatifs et grimpent au grillage à volière, tournent en rond, fouinent dans les myrtilliers et finissent par s'endormir à même la neige.

Dans la soirée nous faisons le tour des ventis où se cache ma « tanière ». Ils se glissent sous les troncs déracinés avec un intérêt patent pour les coins secs.

La neige fond rapidement. On entend monter les bruits familiers du village et je crains fort, que les oursons ne courent à la cage. Mais rien ne dénote en eux une réaction quelconque à la proximité du domaine. La température est remontée à 4-7 °C au-dessus de zéro. Le soleil a bien du mal à percer le ciel maussade. Nous arpentons péniblement un secteur d'à peine un hectare et demi. À la nuit, je me retire sous la tente et les oursons se font pour dormir chacun un abri dans les feuilles mortes. Au matin, nous partons pour un tour habituel. Les petits ne mangent presque plus sinon, parfois, des feuilles sèches de coudrier ou d'érable et des feuilles vertes d'angélique. Ils restent longtemps assis ou couchés au même endroit. Très peu de jeux. Ils s'amusent à casser de jeunes troncs de tilleuls et de trembles. Une fois l'arbre arraché, l'ourson se met sur le dos et commence à jongler avec trois pattes – deux antérieures et une postérieure. À plusieurs reprises, je les ai vus ronger de l'écorce fraîche de sorbier ; une fois, ils ont réduit en miettes une branche de coudrier de 4 centimètres d'épaisseur.

Le 10 novembre au soir, la pluie tourne à la neige mouillée. Les oursons furètent longtemps autour de ma tente, puis vont se coucher pour la nuit sous un sapin branchu. En raison d'un gel nocturne, la couche de neige a tenu. Nous marchons en faisant croustiller sous nos pas une fine croûte de glace. Les petits jouent, courent lourdement l'un après l'autre, puis s'assoient près de moi tout essoufflés, avec de la vapeur à la bouche. À midi, une neige épaisse commence à tomber. Ils paraissent engourdis, mais toujours pas le moindre intérêt manifesté à mon installation. Je donne l'exemple : plié en quatre, je me glisse moi-même dans la galerie de la tanière artificielle. L'intérieur me paraît confortable, exception faite des courants d'air qui s'engouffrent par les innombrables interstices. Je me rassure à l'idée qu'il n'y a pas moins de trous dans les tanières naturelles, et que les ours se font une raison des courants d'air jusqu'à la formation d'une épaisse couche de neige. Je ne suis pas plus tôt installé que Katia vient se blottir douillettement contre moi.

Yachka met le nez à l'entrée puis s'écarte. Tant mieux : nous n'aurions jamais pu loger à trois dans ce repaire. Au bout de cinq minutes, Katia sort. Je retourne à ma tente et laisse les petits s'accoutumer d'eux-mêmes à leur « tanière ». Dix minutes plus tard, Katia s'en approche, évente et pénètre à l'intérieur. Elle gratte la litière de sapin que j'ai étendue sur les planches. Yachka, l'air renfrogné, se tient à l'entrée. Encore deux minutes, et Katia sort en s'ébrouant. C'est Yachka qui rentre. Il flaire longuement la litière et commence à la mettre en tas. Il s'extirpe huit minutes après, s'ébroue et disparaît dans les bois avec Katia. Ils passent la nuit sous leur sapin.

Au matin, quand je sors de la tente, ils y sont encore. Ils m'accueillent du fond de leur couche avec des bâillements paresseux. Ils se grattent longtemps, se contorsionnent dans tous les sens. La souplesse des ours m'a toujours étonné. S'ils paraissent maladroits, c'est en raison de la lenteur de leurs mouvements. Mais, à y regarder de plus près, cet immense animal ressemble à un sac de mercure. Il peut se mouvoir sans bruit, sans faire craquer une branche à travers un sous-bois. Même un gros ours peut grimper à un arbre. S'il est effrayé, il fonce droit dans les fourrés en arrachant les arbrisseaux sur son passage et disparaît instantanément, comme avalé par la nature. Quand il fait la toilette de son pelage, sa patte postérieure atteint facilement le coin de l'œil, l'oreille, la nuque, quitte à se plier en deux. Il perd un peu de sa grâce à l'automne, toutefois, trop embarrassé par son poids.

En m'approchant, je constate que les oursons ont fait un tas de feuilles mortes dans la nuit (un mètre sur un), en ratissant un rayon d'environ 2 mètres et demi. Dans la journée, ils se montrent peu actifs : seulement neuf initiatives ludiques d'une durée de trois à huit minutes. Douze fois ils grimpent à un arbre, à une hauteur de moins d'un mètre, et redescendent aussitôt. Ils manifestent beaucoup d'intérêt pour les endroits secs sous les grosses souches : ils s'y blottissent longtemps, flairent le coin, grattent parfois l'humus. Ce comportement, à l'évidence, s'inscrit dans la recherche d'un endroit propre au repos. Peut-être sont-ils en train de repérer les lieux pour y aménager une tanière ? Pour vérifier cette hypothèse, je quitte mon poste afin de leur laisser l'entière liberté de choisir leurs quartiers d'hiver, auquel cas je pourrai les voir construire eux-mêmes leur propre tanière. J'essaie de les déshabituer de l'endroit où nous campons depuis six jours en les conduisant encore une fois au Pré-Martinova.

La neige n'a pas tenu. En chemin, nous rencontrons la trace fraîche d'un élan. À son odeur les oursons se mettent sur leurs gardes, reniflent, éventent et se rapprochent de moi. Ils ne dorment pas de la nuit, viennent plusieurs fois à mon izbouchka, renâclent fort. Je sors, tends l'oreille mais ne puis trouver la raison de leur inquiétude. Au matin, je les découvre perchés sur un bouleau à 200 mètres de ma cabane.

Leur comportement ludique a beaucoup changé. Leurs jeux cessent à peine commencés (ils durent entre dix et trente secondes). Il s'agit plutôt d'une simple invitation au jeu : l'ourson (un seul ou les deux ensemble) ouvre grande la gueule, exhibant ses dents, en direction de son partenaire, le corps orienté de 30 à 45 degrés par rapport à celui-ci, avec un balancement de la tête et du tronc.

Plus rares sont les hochements brusques de la tête, la station debout sur deux pattes, les exercices de lutte. Chacun mange entre 100 et 150 grammes de végétation fripée : feuilles d'arbres, racines de myrtillier, oseille sauvage, etc.

Une nuit, un vent violent se lève, accompagné d'une neige mouillée. Partis le soir, les oursons ne se sont montrés que le lendemain matin. Le temps se gâte et le froid s'accentue. La bise humide s'infiltre partout, siffle à travers les branches fines des bouleaux, hurle dans la ramure épaisse des sapins. Les vieux arbres, gémissent et grincent, tour à tour plaintifs, sinistres et menaçants. La forêt s'emplit du bruit inquiétant des jours de tempête. Les oursons répondent à mon appel. Ils ne paient pas de mine, je les sens prêts à tout pour ne plus voir ce temps. Je les comprends. Dans l'après-midi, nous reprenons le chemin du domaine central.

Je retire la tente de devant la tanière artificielle et la dresse 100 mètres plus loin. C'est risqué : les oursons peuvent ne pas s'y installer pour l'hiver, ou ne rien faire pour se construire leur propre tanière. Qui pis est, si leur repaire n'est pas correctement grillagé, je crains qu'ils ne retournent à la cage. Ce serait l'échec de l'expérience alors même que leur comportement traduit le besoin d'aménager un abri. Je fais la navette avec mes affaires tout en essayant de les couver d'un œil. Peine perdue : Katia trouve le moyen de me dérober une gourde en plastique, aussitôt perforée de ses dents. Je n'ai pas envie de me fâcher avec elle. J'allume un petit feu pour y mettre de l'eau à chauffer. Je la fais rarement bouillir, me contentant simplement d'eau chaude. Les oursons s'installent sous les racines d'un vieux sapin à 10 mètres de ma tente.

17.

LA TANIÈRE, ÇA COMPTE !

Le 15 novembre, nous sortons dans les bois comme à notre habitude. Je ne perds pas l'espoir que les oursons se fassent un trou quelque part sous un amoncellement de ventis. Il fait un temps merveilleux : soleil et tiédeur. Je me juche sur le tronc abattu d'un tremble vénérable, pendant qu'ils furètent alentour, fouillant du regard les moindres recoins. Yachka s'approche du tremble où je suis et, d'un coup de griffes, arrache un bout d'écorce à demi moisi qui se détache en croustillant. Une odeur forte de bois fermenté monte aux narines. C'est elle qui aiguillonne l'ourson. Il flaire la moiteur visqueuse, la lèche, puis se couche, se roule dans la poussière d'écorce, se frotte le front et l'échine, se lève, hume l'air et se couche à nouveau dans la pourriture fétide. Regard brillant, mouvements vifs, halètement rauque : il est excité. Sa fourrure baigne dans la souillure de bois mais il affiche un air ravi. Intriguée, Katia s'approche, évente l'écorce mais renonce à s'y frotter.

Dans l'après-midi, les oursons se mettent soudain à creuser la terre près de ma tente, sous le pied d'un énorme sapin déraciné. Je les observe par la lucarne, espérant qu'il s'agit cette fois d'une vraie tanière. Mais ils commencent par le côté extérieur, ce qui me rend perplexe. D'habitude, les ours creusent plutôt du côté du tronc. Les miens n'ont pas l'air de travailler « dans les règles ». Mais bientôt ils s'éloignent et semblent délaisser l'endroit. Je commence à douter de leurs intentions quand, le soir, j'entends de ma tente les signes d'une agitation. Yachka creuse. Katia l'observe attentivement. Il travaille d'une patte, puis de l'autre. Au bout d'un temps, il saisit le tas excavé à bras-le-corps et le déplace un mètre plus loin. Enfin, après avoir bien flairé son ouvrage, il y donne encore un coup de patte, s'ébroue et se retire, aussitôt remplacé par Katia. Elle évente longuement le trou, gratte un peu l'argile et s'en va à son tour. Il fait déjà nuit quand les oursons regagnent le pied du sapin d'où j'entends bientôt un ronronnement régulier.

La journée du 18 novembre s'annonce sereine et belle. Mes oursons font la grasse matinée. Je ne mets pas le nez hors de la tente, espérant les voir revenir d'eux-mêmes au chantier de leur tanière. Enfin, à peine réveillés, ils se dirigent droit vers mon gîte. Je me suis toujours efforcé de leur inculquer un réflexe de distance par rapport à la tente, avec une méthode bien à moi. Sachant qu'avant de gratter quelque chose, ils commencent toujours par y mettre le nez, j'attends de voir une pastille foncée au travers de la toile (un nez) pour leur décocher une tapette légère, mais ferme. Ils s'écartent d'un bond. Mais il arrive parfois, rarement, qu'ils se mettent à gratter sans flairer ; alors, alerté par leur halètement, je ne rate pas une occasion de leur donner une petite correction. Mais cela ne marche pas à tous les coups : au premier bruit suspect à l'intérieur de la tente, ils détalent à fond de train. Cette fois encore, m'entendant bouger, les deux oursons se tiennent à une distance respectable de la « méchante toile », et Katia pousse un gémissement comme pour réclamer à manger. En l'occurrence, elle m'invite tout simplement à sortir. Étant prêt depuis longtemps, je ne demande pas mieux. Je prends les mesures du trou creusé la veille. Mes michkas m'observent d'un air concentré. Ils manifestent beaucoup de circonspection pour tout ce qui a trait à leur tanière.

Le soleil et la tiédeur leur font du bien. Ils s'amusent à se courir après ; le jeu est bien parti. Je m'assois au sec sur une souche et les regarde jouer, profitant moi aussi du beau temps. Mes oursons vont et viennent, comme d'habitude. Là-bas, au village, on entend un seau tinter sur la margelle d'un puits, des oies cacarder, un chien aboyer avec flegme, une femme crier d'une voix aiguë. À force d'imaginer, l'oreille à l'affût, le tableau pittoresque du village au petit matin, je n'ai pas vu les oursons disparaître. J'ai senti leur absence d'instinct, sans avoir à fouiller l'endroit du regard. À mes signaux d'appel, point de réponse.

Je sais bien qu'ils n'ont pas l'habitude de s'éloigner de la tente mais, le domaine central étant si proche, je couve une sourde inquiétude au fond de moi. Ils sont imprévisibles et paraissent guetter le moindre relâchement de mon attention pour faire les quatre cents coups. J'ai cette impression dès qu'un objet disparaît sans retour dans mes affaires.

Je file à la tente. Celle-ci est bouclée, rien ne bouge. Sans cesser d'émettre des signaux d'appel, je fais le tour du territoire et jette un œil à la tanière artificielle – point d'oursons. Seule solution possible : ils sont au village ! Je cours à travers bois en m'écorchant les mains et le visage. Vite, plus vite ! Tout seul, j'aurai du mal. Il me faut du renfort. Je fais donc irruption chez moi et lance à ma femme hébétée : « Les oursons ! Ils sont au village ! » et je reprends aussitôt ma course. Ma femme, qui comprend parfaitement de quoi il retourne, se précipite à ma suite. Je commence par jeter un coup d'œil à la cage. Vide. Et pas de traces fraîches sur le sol argileux. Je me sens quelque peu rassuré. Mais où sont-ils ? Je demande à ma femme de ratisser l'autre extrémité du village pendant que je remonte d'un pas lent le sentier habituel, les yeux rivés sur le sol. Si les ours sont venus, ils ont forcément emprunté ce sentier-là : nous n'en avons jamais pris d'autre. Je n'ai pas fait 100 mètres que j'entends derrière moi des oies cacarder comme jamais. Ça y est ! Ils attaquent ! Je file droit à travers les buissons. Mon imagination débridée voit déjà défiler des scènes sanglantes. Enfin je m'arrache aux épines (j'y ai perdu mon bonnet) et déboule en trombe sur un petit pré : un jeune jars s'efforce de piétiner une oie sous les criaillements éperdus de la troupe déchaînée – ailes déployées, becs pointés vers le ciel, yeux exorbités.

Je ne compte plus mes égratignures. Avec tristesse, je vois ma femme s'approcher, et comprends que mes oursons n'ont pas quitté la forêt. De retour au camp, je découvre deux michkas bien sages qui finissent de déchirer mes carnets d'un air attendrissant. Ils ne sont allés nulle part. Ils ont dû se faufiler en douce à l'intérieur de ma tente et, à mon premier passage, se sont faits tout petits dans l'attente des représailles. Quand j'ai foncé au village, ils ont tout chamboulé et, pour couronner le tout, s'en sont pris à mes carnets. Par chance, ils n'ont pas touché à mes provisions que je range dans une boîte

Le jars en colère.

en fer de ma fabrication, à la demande impérieuse de ma femme. Avec un soupir de soulagement (ç'aurait pu être pire), je commence à reconstituer mes notes de mémoire pendant que les deux effrontés se reposent à mes pieds.

Ni le lendemain, ni le surlendemain les oursons ne reviennent à la tanière en construction. Je tourne autour de la souche en laquelle j'avais placé tant d'espoirs, et vais même jusqu'à m'asseoir dessus, mais rien n'y fait. En faisant défiler dans ma tête les événements des derniers jours, je finis par penser que mes sorties et mes déplacements incessants sur le territoire ont pu freiner leur nidification. Je décide donc de changer radicalement de tactique. Désormais, je vais m'enfermer dans ma tente comme si c'était ma tanière. La première journée se passe à la lucarne. Je contemple avec morosité des arbres que je connais par cœur, la souche à moitié pourrie qui ressemble dans la pénombre à un dragon de conte avec sa crête osseuse, le coudrier fripé par le passage des oursons, et tout ce décor que j'ai passé tant d'heures et de jours à observer. Comment diable me débarrasser de mes deux petites boules poilues ?

C'est la saison d'avant l'hiver où les « vrais » ours ne dorment pas encore mais ont déjà élu, voire aménagé, leur lieu d'hibernation. Il m'est arrivé, à la mi-novembre, de surprendre des plantigrades dans des tanières parfaitement installées, avec une belle litière. Quant à mes deux protégés, mis à part le fait qu'ils ont gratté la souche d'un sapin déraciné, ils ne se décident toujours pas. Je songe à les aider mais ne sais trop comment. Mes leçons leur serviront-elles et saurai-je leur donner le bon exemple, un exemple d'ours ? Rien n'est moins sûr. En même temps, rien ne m'autorise à douter de leur aptitude à construire d'eux-mêmes une tanière. N'ont-ils pas d'ores et déjà montré des réflexes de nidification ? C'est donc qu'ils possèdent des rudiments d'architecture, ce qui n'a d'ailleurs rien de sorcier. Simplement, les conditions ne sont pas encore assez rudes pour qu'ils soient acculés à l'acte. Je choisis d'attendre.

Nous en sommes là : moi sous ma tente, et les oursons sous leur sapin, contorsionnés dans les positions les plus abracadabrantes, le plus souvent sur le ventre, la tête posée sur une patte pliée. Le gel arrive subrepticement

Un ourson teste à tâtons la solidité de la glace.

dans la soirée. Une flaque se recouvre d'une fine pellicule de glace. Elle brille comme une assiette. Les feuilles mortes se recroquevillent dans leur écorce de givre. Le crépuscule fait mine de s'empourprer mais capitule aussitôt face à de gros nuages. Le vent tombe. La forêt se plonge dans le silence et l'obscurité. Mes oursons se lèvent, s'approchent de la tente, vont et viennent en faisant croustiller la mousse givrée. Ils éventent bruyamment.

Puis ils se rendent à leur souche et se mettent à creuser la terre, à ronger les racines. Dans le noir, je ne vois que deux taches sombres qui s'agitent sur un fond obscur. Je jubile ! Mes oursons construisent une tanière ! Ils y travaillent deux heures durant, puis vont se coucher. Je n'arrive pas à trouver le sommeil, et j'ai tout le temps d'analyser les événements de ces dernières journées.

D'abord, j'ai eu tort de promener les oursons tous les jours. Nous aurions dû ne pas bouger, car les déplacements les ont gênés dans leur instinct de nidification. Ensuite, je n'ai pas compris d'entrée que, l'ours étant très vulnérable dans ses quartiers d'hiver, il cherche à les cacher le plus efficacement possible pour garder la vie sauve et assurer la continuité de l'espèce ; l'animal doit donc faire preuve de la plus grande circonspection. Voilà pourquoi il éprouve le besoin de séjourner si longtemps dans la région de sa future tanière. Il s'assure de la sécurité du site. Comme la dentelle de ses empreintes le trahit sur la neige, il fait tout pour se cacher à temps. Mes apparitions répétées sur le chantier ont pu perturber mes ours, quand bien même ils me prendraient pour l'un des leurs ; or, l'instinct de défense l'emporte sur celui de nidification.

Les oursons reviennent au point du jour. Je prends mes aises à la lucarne – mon poste d'observation – d'où le chantier s'offre à moi comme sur un plateau, à 7 mètres de là. Les racines sont déjà bien rongées sous le tronc, et un tapis de rognures blanches jonche le sol. L'entrée se profile déjà : la terre desséchée a été grattée, qui bouchait l'espace entre les racines. Katia s'avance la première. Elle gratte les racines avec ses griffes, rogne quelques bouts et s'écarte. Yachka s'approche à son tour sans se presser, inspecte et flaire les lieux avec soin, jauge le travail et se lance : il griffe la terre, attaque les racines à l'aide de ses incisives, les arrache avec toute la force de son corps. Il y a maintenant une ouverture bien dessinée dans laquelle il glisse la patte pour creuser, mais il ne peut y entrer sans rogner encore quelques racines.

Les oursons travaillent à tour de rôle. Quand l'un est à l'ouvrage, l'autre l'observe d'un œil vigilant sans le déranger, mais prend la relève dès que la place se libère. Bientôt le trou s'agrandit. Quand vient le tour de Yachka, il y glisse la tête et passe beaucoup de temps à flairer la cavité. Une fois dehors, il racle le relief argileux près de l'entrée, regarde Katia, remet le nez au trou, se balance sur ses quatre pattes bien tendues et lentement, par un mouvement ponctué de pauses, se faufile à l'intérieur. Yachka descendu, Katia s'approche et baisse la tête, les yeux rivés sur le trou noir, pétrifiée. Seules bougent ses oreilles, signe d'excitation et d'intérêt pour tout ce qui se passe au fond de la tanière. Il y a dedans quelque chose qui bruit, renâcle, gémit, claque, craque.

Cinq longues minutes passent. Soudain, une gerbe d'argile jaillit de terre. Katia fait un bond de ressort mais se campe à nouveau dans la même position tendue, à demi assise sur son train arrière. Mottes et rognures continuent de voler hors de terre. Yachka travaille avec force râles et gémissements qui semblent monter du tréfonds de ses entrailles. Puis, plus rien. Sa tête émerge barbouillée d'argile. L'ourson tend le cou, l'oreille aux aguets, et d'un coup s'extirpe. Il s'ébroue – si fort qu'un nuage de saletés tourbillonne – et s'éloigne par bonds. Katia s'élance après lui. Je ne vois pas ce qu'ils font mais, d'après les sons rauques et sifflants que j'entends, je comprends qu'ils sont en train de jouer.

À midi, les oursons reprennent du service au chantier. Cette fois, c'est Katia qui se décide à descendre. Elle glisse la tête dans l'interstice, reste longtemps immobile, puis tente d'aller plus loin avec une drôle de façon de lever la patte postérieure. Soudain effrayée, elle s'arrache en arrière du goulot trop étroit, non sans y laisser quelques touffes de poil accrochées aux moignons des racines. Elle s'applique alors à rogner la terminaison de la souche qui a gêné son passage. Ronger par morceaux la fibre dure du bois lui prend beaucoup de temps. Puis, tatillonne, elle inspecte son travail – l'ouverture élargie – et paraît satisfaite. Revenue au bord de son antre, elle s'y engouffre en un clin d'œil. Deux minutes plus tard, elle en ressort et s'ébroue comme Yachka, qu'elle va rejoindre. L'autre affiche une parfaite indifférence, couché sous un coudrier à une vingtaine de mètres.

Dans la soirée, les oursons s'affairent longtemps près de leur trou. La nuit vient vite en novembre. La forêt n'est pas plus tôt touchée par la pénombre qu'elle plonge déjà dans les ténèbres. Comme on n'y voit goutte, je m'enfonce dans mon sac de couchage, heureux de dérouler mes jambes engourdies par tant d'immobilité. Dehors, l'agitation dure un temps, puis retombe. Je sommeille déjà, persuadé que mes oursons ont regagné leur reposée sous le sapin, quand un bruit étrange parvient à mes oreilles. Je mets du temps à comprendre qu'ils sont en train de ronfler… Ils se sont couchés *dans leur tanière,* et c'est la première fois que je les entends ronfler à ce point. On dirait un homme, de ceux qui vous font passer des nuits blanches quand ils partagent votre chambre d'hôtel. Mais, à ce moment précis, il n'est pour moi de musique plus agréable, et qui m'inspire plus de bonheur, de confiance, de quiétude… Sur quoi je m'endors à mon tour sans m'en rendre compte.

Je ne tarde pas à me réveiller. Les oursons ne ronflent plus, mais l'air est empli d'un étrange chuintement. Ce sont des flocons de neige qui bruissent sur la toile de ma tente en absorbant tous les autres sons nocturnes de la forêt. Cette nuit est la première que mes oursons passent à la tanière.

Il fait déjà jour quand ils sortent de leur trou en bâillant et en s'étirant. Ils s'ébrouent et se mettent à errer alentour d'un pas paresseux, imprimant leurs traces sur la neige en train de fondre. Patient, je monte la garde au fond de ma tente cependant que les heures s'égrènent une à une. À 10 heures, ils renâclent et courent se réfugier sur un arbre. Comme je ne vois rien d'où je suis, je glisse un œil par la porte de la tente et aperçois ma femme qui se faufile sans bruit entre les arbres. Elle ne vient pas sans raison, il a dû se passer quelque chose de grave. J'ai peine à contenir mon appréhension et, prêt au pire, sors à sa rencontre. Mais non, c'est simplement la direction de la réserve qui me convoque d'urgence à une réunion de routine. Présence obligatoire. Il ne me reste plus qu'à tenter de m'éclipser en me faisant remplacer par ma femme : en mon absence, les oursons n'auraient pas manqué de dévaster la tente. Profitant de ce qu'ils sont cachés sur leur arbre salutaire, je passe le relais à ma femme. Elle se glisse sous la tente pendant que je m'efface.

La réunion traîne. Je ne suis de retour qu'à 5 heures de l'après-midi, et trouve ma femme un bâton à la main, l'air décidé, les yeux courroucés, en train de tenir tête aux oursons déchaînés. J'ai tout compris. Ils ont soupçonné (ou flairé) mon absence et se sont mis en tête d'inspecter ma tente. Et ce avec tant d'opiniâtreté que ma femme a dû sortir et les chasser au bâton. Alors ils ont déclenché un véritable concert de hurlements autour d'elle. Impossible de les calmer. Ses yeux brillent de larmes quand, sans un mot, nous prenons congé l'un de l'autre.

Je pénètre sous ma tente avec l'espoir qu'ils s'apaisent un peu à la faveur de la nuit tombante. Espoir trompé. Ils gémissent, criaillent, s'entêtent à chercher un trou dans ma tente, secouent les fixations. Fous furieux ! Je ne sais plus que faire.

À minuit, je décide de les conduire à la cage et de les enfermer jusqu'à l'aube. Ça va peut-être les dégriser. Ils me suivent docilement et regagnent leur cage sans broncher. Je vais me coucher chez moi en titubant.

Retour à la tanière à 6 heures du matin. Tout se passe comme si les oursons n'avaient pas tempêté la veille. Ils vérifient ma présence sous la tente et s'en vont finir leur nuit sous le sapin. Mais pas un mouvement vers la tanière de toute la journée. C'est la conséquence de l'excitation provoquée par une attitude aussi blessante de la « mère » envers ses « petits ».

Une neige de flocons fins reprend dans la nuit et ne cesse qu'à l'aube. La forêt s'éclaire alors d'une lumière laiteuse. Tout a blanchi alentour en revêtant des formes et des contours nouveaux, transfigurés. Sur le fond noir de la forêt, l'enchevêtrement des ventis enrobés de neige se profile avec un relief contrasté. À l'entrée de la tanière se déroule un linceul immaculé : les propriétaires ne sont pas venus. C'est la première vraie neige de l'année, retenue par un gel encore léger ; elle reprendra dans la journée à plusieurs reprises. Les oursons ne se montrent qu'au soir. Alerté par un léger frou-frou, je mets un œil à la lucarne et les vois qui piétinent à l'entrée du repaire. Ils en examinent longtemps la bouche noire en tendant l'oreille à tous les bruits. Ils finissent enfin par s'y glisser d'un air craintif. Puis, plus rien jusqu'à 11 heures du soir. À ce moment retentit un concert de ronflements. Je pousse un soupir de soulagement : le sentiment ne m'avait pas quitté qu'une mise en tanière aussi bien commencée pût échouer par suite de surexcitation.

Le petit jour verse sur la forêt une lumière opaque filtrée par un voile de neige fine qui n'a pas cessé de la nuit. À l'entrée de la tanière émerge la frimousse attentive de Katia, animée d'un regard perspicace et malin. Elle s'extrait à moitié de son trou sans oser toutefois poser la patte sur la neige qu'elle préfère humer et lécher, entre deux pauses tendues. Enfin elle se décide, suivie de Yachka. Aussitôt le travail commence. Chacun ramasse en silence des brassées de feuilles et de brindilles mêlées de neige, par gestes lents, calculés, concentrés. On a fait une boule qu'on tire à reculons jusqu'à la tanière. Là, on descend dans le trou, toujours à reculons, en y entraînant la boule avec soi. Deux pistes noires se dessinent à travers le champ de feuilles. À chacun la sienne. Jamais on ne se gêne durant les trois heures que dure ce travail sans répit. Pas une bousculade à l'entrée, pas le moindre encombrement au passage. Bientôt s'entassent devant la tanière, dans un rayon de 3 mètres, toutes sortes de détritus forestiers, des rognures de sapin, des touffes de mousse arrachée. Le tout est délicatement transporté à l'intérieur du gîte : les oursons font leur litière. Après quoi ils se glissent à l'intérieur et plus rien, pas un signe de vie. Dans ma tente tanière, je souffre malgré moi de l'immobilité forcée tout en m'abstenant de faire le moindre geste de peur de les perturber. Je n'ose même pas froisser du papier. J'ai conscience que les oursons s'installent pour de bon. Un mois entier d'errance dans l'humidité mordante de la forêt, des montagnes d'émotions, des succès et des revers, des espoirs et des déceptions, des nuits passées à grelotter de froid, tout cela a fini par m'épuiser… Même les repas, je devais les prendre à la dérobée pour ne pas irriter les oursons par la vue et l'odeur de la nourriture.

Je me délecte à l'idée de changer de décor, de rejoindre les miens. Je pourrai aller à la chasse, flatter à l'oreille mon chien préféré, retrouver les collègues et les amis. Les coups de fusil crépitent à longueur de journée, parfois retentit l'écho lointain d'un aboiement : les chasseurs se défoulent au loin à l'extérieur de la réserve. À ma satisfaction de voir enfin les oursons dans la tanière qu'ils ont eux-mêmes construite se mêle le sentiment exaltant de la chasse avec mon laïka – un besoin irrépressible qui, à chaque saison, s'empare de tout mon être. Une semaine suffit en général pour l'assouvir, mais une semaine que j'attends en trépignant une année entière. Pour l'instant, je languis sous la tente avec l'espoir que les oursons me délivrent de leur implacable vigilance. Je mets de l'ordre dans mes notes, réchauffe mes mains transies, plie bagage sans faire de bruit. Je guette la tanière avec un fond d'anxiété, tant j'ai peine à croire qu'ils n'en sortiront plus, ne viendront plus butiner sur ma tente, quémander, renâcler, gémir, et que désormais je peux vaquer à des occupations sans rapport avec ces deux boules de poil.

Non, je n'y crois pas. Mais une journée passe, et pas d'ours en vue. Juste un ronflement vers midi, qui n'a guère duré longtemps, puis plus rien, ni reniflement ni agitation. Il floconne un peu. Un gel léger – 3-4 °C au-dessous de zéro – maintient la neige dont la couche s'épaissit sur le sol, sur les chablis, sur les ramures des sapins. Une éclaircie subite perce dans la nuit, les étoiles scintillent, mais un couvercle de nuages retombe au matin, qui n'en finit pas de saupoudrer des flocons fins, et ce tout au long de la journée.

Le jour suivant ressemble comme deux gouttes d'eau au précédent, avec une neige tantôt floconneuse, tantôt poudreuse qui étoffe de plus en plus la forêt. À midi, comme la veille, un bruit de gorge et un léger ronflement. Si je ne savais pas que des oursons hibernent à 7 mètres de là, rien ne trahirait la présence en ce lieu d'une tanière habitée : la neige masque efficacement toutes les traces de leur activité en cachant les rognures de branches et de racines marquées par leurs dents. Seule l'étude attentive de l'entrée du repaire, cernée de moignons rongés et fripés, permettrait de soupçonner l'existence d'une niche sous ce ventis ordinaire semblable à des centaines d'autres.

Je décide de rentrer chez moi dans la nuit, en laissant la tente et certains effets sans valeur sous la « bonne garde » des oursons. Je boucle mon sac bien avant le crépuscule. À 10 heures, je quitte sans bruit mon gîte sous un floconnement paresseux. Au bout d'une cinquantaine de mètres, qui m'ont beaucoup coûté, je m'accorde un temps de repos : à chaque pas j'ai dû veiller à sonder prudemment le sol du pied pour ne pas le poser sur une branche, et à répartir mon poids en douceur sur toute la semelle. Sans quoi le pied porteur risque de s'enfoncer à l'amorce de l'enjambée suivante et, déséquilibré par ma lourde charge, je peux tomber ou bien, dans la précipitation, écraser une traîtresse branche. Impossible de savoir ce qu'il m'aurait coûté de troubler le repos des oursons, et je ne suis pas d'humeur à tenter le coup. J'ai le corps qui ruisselle d'une sueur poisseuse, et les jambes prises d'un léger tremblement. Le reste du chemin se fait sans histoires et, vingt minutes plus tard, je suis chez moi. Ainsi s'achève ma première saison passée avec les oursons. C'est la fin de mes tourments, et le sentiment du travail accompli m'insuffle un soulagement et une satisfaction indicibles. Certes, les oursons peuvent encore sortir de leur trou et regagner leur cage (à seulement 300 mètres !). Mais j'ai vu l'essentiel. Je les ai vus construire une tanière d'eux-mêmes, sans apprentissage, et d'une façon qui ne diffère en rien des autres tanières à ours qu'il m'a été donné de voir dans la région.

Je passe la première semaine chez moi sur des charbons ardents. Chaque matin, j'inspecte la cage à l'affût de leurs traces. Dans la journée, et parfois dans la nuit, je tends longuement l'oreille : sont-ils là ? ou pas là ? Mais ils ne sont pas là, et je me rassure peu à peu. Au bout d'une quinzaine de jours, je me décide à faire un saut à la tanière. Je profite d'un vent frais dont le sifflement couvre mes pas. À une quarantaine de mètres, j'examine leurs quartiers d'hiver aux jumelles. La tente se présente désormais comme un petit tertre de neige d'où dépassent encore des coins de toile avec leurs fixations. Je parviens à discerner des empreintes à moitié effacées de mes oursons, vieilles d'une semaine, qui vont de la tanière à la tente. Ils ont donc vérifié ma tente ! Mais entre-temps mes traces avaient été recouvertes de neige, et les oursons n'ont pas eu d'autre choix que de regagner leur nid. Vérification faite (oui, ils sont bien dans leur tanière), je rentre chez moi. La neige ne fondra plus, l'hiver a repris ses droits.

En décortiquant mes notes, j'essaie de reconstituer le scénario de la nidification, période cruciale s'il en est. Je résume. Après l'engraissage d'août-septembre, l'activité des ours diminue à mesure que les derniers aliments se raréfient (l'airelle et la sorbe) : ils jouent peu, cessent de courir, de grimper aux arbres, de chercher à manger. Ils se nourrissent de moins en moins. À la fin d'octobre, ils se montrent de plus en plus passifs, capables de passer plusieurs semaines sur un seul et même territoire. Ils restent couchés, dorment beaucoup, renoncent pratiquement à toute nourriture. Même chose en novembre. Par temps pluvieux, pour peu que la température tombe à

4-5 °C au-dessus de zéro, ils se cherchent une reposée bien au sec : sous un sapin dont les ramures touffues s'étirent au ras du sol, sous la souche d'un ventis. C'est à ce moment qu'ils élisent un endroit pour leur future tanière.

La construction de la tanière commence par une journée ordinaire où le thermomètre oscille entre 2 °C au-dessous et au-dessus de zéro, sous une bruine souvent coupée de neige mouillée. L'ours se cherche un endroit sombre et sec sous les racines et les troncs des chablis. Parfois, il gratte un peu. Enfin, son attention se porte sur un endroit précis qu'il occupe durablement sans faire l'effort d'aller voir ailleurs. Par temps froid, maussade et pluvieux, il peut rester plusieurs journées presque sans bouger. Mais la baisse de température et la neige stimulent l'instinct de nidification, et l'ours se met à l'ouvrage. Il commence par creuser une fosse en face de la future entrée, longue de 30 à 40 centimètres et large de 8 à 10 centimètres. Puis il s'attache à creuser l'ouverture. C'est un travail rude, qui requiert beaucoup de temps et d'efforts. Il s'agit de rogner un passage entre les racines. À deux, mes oursons mettent près de six heures sans discontinuer pour entailler un interstice suffisant sous la souche, soit deux ou trois jours au total pour aménager l'entrée (je les observerai à la tâche deux années de suite). Certes, nombre de tanières de surface n'exigent pas un tel travail : l'ours s'y glisse tout simplement par-dessous le tronc déraciné. Certains quartiers d'hiver n'ont pas d'entrée à proprement parler : l'ours s'y loge la tête tournée vers un côté ouvert par lequel il sort en cas d'alerte, et ce côté-là fait office d'« entrée ». La cavité de la tanière fait l'objet du plus grand soin. L'animal creuse, ronge les racines, les branches, les brindilles qui le gênent ou lui dardent le flanc. Le tout est excavé par l'entrée, de sorte que la petite fosse est entièrement comblée au seuil du repaire. À ce stade, le chantier peut être suspendu pour longtemps. Tout dépend de la météo. L'ours y vient souvent, parfois pour dormir la nuit. Un beau jour, il pressent la neige et commence à y étaler sa litière. S'il y a deux oursons, chacun fait le travail pour sa propre couche. Dès lors, l'attitude de l'animal commence à changer. Il ne rentre plus dans sa tanière qu'à reculons. Le temps se fait capricieux et changeant. S'il sort, c'est pour gratter des détritus ou cueillir des ramures de sapin destinées à la litière. Il est alors d'un comportement extrêmement méfiant, et le moindre facteur d'irritation peut susciter en lui une réaction défensive. Voilà qui explique sans doute que, quelquefois, des ours adultes abandonnent leur tanière sans raison, à la recherche d'un nouvel endroit. Eh oui, la tanière, ça compte !

La neige floconne sans répit, enveloppe peu à peu la tanière, la cache aux regards indiscrets, colmate les derniers trous, rend le gîte plus douillet. Au printemps prochain, les petits !

18.

LES RUDESSES DU PRINTEMPS

Le long hiver n'est pas plus tôt commencé que nous attendons déjà le printemps avec impatience : et nos oursons ? Nous les avons pesés à quinze jours de leur entrée en tanière. Katia : 35 kilos ; Yachka : 37. Est-ce beaucoup ou pas assez ? De toutes les sources que nous avons pu dénicher, il ressort que la masse des oursons de l'année oscille entre 35 et 40 kilos avant l'hibernation. Un auteur avance même le chiffre de 60 kilos, mais il est possible qu'il se soit agi d'un spécimen de jardin zoologique où les indicateurs de croissance sont doublés. Plusieurs fois j'ai eu l'occasion de voir de près, en fin d'automne, des oursons de l'année. À vue d'œil, ils n'étaient pas plus grands que les miens – ni en taille ni en poids. Conclusion, nous sommes apparemment dans la normale. Mais il y a un autre chapitre d'inquiétude. En milieu naturel, les oursons de l'année vont à la tanière avec leur mère sous laquelle ils ont évidemment beaucoup plus chaud. À moindre dépense calorique, on peut se contenter d'un moindre poids. Or, mes oursons hiberneront seuls dans la mesure où leur mère, c'est-à-dire moi-même, préfère passer l'hiver près du poêle dans une maison bien chauffée. Auront-ils assez de graisse jusqu'au printemps ? Nous n'en savons rien. Il ne nous reste plus qu'à attendre, dans l'espoir que les choses se passent bien.

À deux reprises pendant l'hiver, je me rends à la tanière, mais les congères la cachent si bien qu'il m'est impossible de distinguer quoi que ce soit, même avec des jumelles à très fort grossissement. Quant à m'approcher à moins de 30 mètres, je ne puis m'y résoudre de peur de déranger les oursons. Nous décidons de ne plus y aller. En cas de détresse, ils rejoindront sans doute la cage qui, je l'ai dit, ne se trouve qu'à 300 mètres de leurs quartiers d'hiver. Or, la cage est visible de nos fenêtres.

La question réglée, le temps file si vite que mars frappe à la porte avant que nous n'ayons fait la moitié de ce qui était prévu. Mars : la première brise, un ciel bleu limpide et des gouttes qui forment une frise au bord du toit, la nuit, de longues et fines stalactites. Le soleil du soir, en bout de course, vient y jeter ses rayons bas. Alors les sculptures de glace pleurent ensemble à chaudes larmes dans un jeu de lumière aux reflets d'arc-en-ciel. Parfois une stalactite devenue trop lourde se détache en grinçant, s'écrase à terre à grand bruit et s'étoile en une myriade de gouttelettes givrées.

Dans la forêt, la neige s'affaisse et s'assombrit. Seuls les flocons nocturnes, encore fréquents en cette saison, blanchissent un peu le manteau blanc. À la mi-mars, par beau temps, les ours sortent de leurs tanières et s'allongent à proximité. Ils prennent des bains de soleil. La plupart des mâles se font des litières en ramures de sapin soigneusement étalées sur la neige, et s'y couchent. Ils « finissent leur nuit », selon le mot des chasseurs, et ne retournent plus à la tanière. Les mères ourses se montrent à la sortie de leur repaire, en général autour de midi quand le soleil est au plus haut, puis rentrent auprès de leurs oursons. Jamais je n'ai vu de bébés ours quitter leur nid sur les pas de leur mère.

Chaque jour, nous regardons à la fenêtre dans l'espoir de voir nos oursons, mais rien. Le 17 mars, n'y tenant plus, je me rends à leur tanière. J'ai beau faire attention, la neige me trahit en craquant sous mes skis. Évidemment, je suis repéré. À travers les arbres je constate que le toit de neige s'est affaissé, et qu'il est criblé d'empreintes. Je suis surpris d'apercevoir mes oursons cachés derrière des racines, qui regardent avec méfiance dans ma direction. L'endroit est piétiné et noirci près de la sortie, signe qu'ils vont et viennent depuis plusieurs jours sans toutefois s'éloigner davantage : les empreintes s'arrêtent là. Je fais demi-tour avec le moins de bruit possible. Deux jours plus tard, je décide de « me présenter » aux oursons en enfilant mes habits habituels.

Je ne les trouve ni dans la tanière ni dans les environs. Au sol, deux pistes bien tracées serpentent et se recoupent. Je tends l'oreille mais ne perçois aucun signe de leur présence. Il faut dire que la forêt résonne de partout : babillage des oiseaux, martellement des piverts, souffle languissant de la brise. La neige fond sous elle, ses eaux la déchirent en filets tranchants qui se rejoignent en un flot gazouilleur vers la rivière Meja.

Je piste les oursons, l'œil aux aguets. Deux étrons noirs s'offrent à mes yeux, qu'on appelle bouchons en raison de la consistance ferme que la matière fécale acquiert pendant l'hiver, retenue dans le gros intestin de l'animal : l'ours brun n'excrète jamais dans sa tanière. Plus loin, la piste bute sur un bouquet de sapins branchus entourés d'un tapis d'aiguilles anciennes (noires) et fraîches (vertes). Il y a même, çà et là, quelques rameaux. Les oursons ont donc grimpé à ces arbres, sans doute alertés par mon approche. J'émets plusieurs signaux d'appel, persuadé qu'ils me répondront aussitôt, mais non. Je clappe sur tous les tons en arpentant les traces de leur passage. Ils sont perchés là, j'en suis sûr, à la cime d'un arbre. Ils me voient et m'entendent… Peine perdue. Je circule encore longtemps par différentes voies d'approche. Enfin, j'avise l'un des oursons à travers un épais rideau de branches. Puis quelqu'un éternue sur le sapin d'à côté, et je reconnais l'autre. Ils sont bien là, mais observent un mutisme méfiant, ce qui m'intrigue. Je prends le chemin du retour.

En dessinant chez moi le schéma des pistes autour de la tanière, je découvre qu'elles évoluent à l'opposé du village. Les oursons, bien sûr, entendent parfaitement les bruits du village. Même moi, par temps clair, parviens à discerner des voix humaines quand je suis devant leur repaire. Que dire alors des ours dont l'ouïe est autrement développée ! Il reste à supposer que l'hibernation a éveillé en eux un instinct de distance par rapport à l'homme. Cela ne fait pas mon affaire, car je ne suis pas au bout de mon expérience. Il me faut encore analyser leur attitude au sortir de l'hiver, période qualifiée de rude par tous les zoologistes. Rude, parce que les ours ont faim, surtout les jeunes spécimens qui ne peuvent encore chasser ni l'élan ni le sanglier, pas plus qu'ils ne peuvent espérer attraper des lièvres ou des oiseaux. Aussi, trois jours durant, je « me présente » à mes oursons. Je vais et je viens en émettant des signaux d'appel, les poches pleines de provisions dans l'espoir de regagner leur confiance.

Au deuxième jour, les oursons répondent à mes signaux. Au troisième, Katia descend de son arbre imitée par Yachka. Ils s'approchent et – ça alors ! – refusent le pain que je leur jette. C'est à peine s'ils rongent la croûte en l'émiettant sur la neige. Mais les déjections qui émaillent les pistes attestent que les oursons se nourrissent. Et les trous qu'ils creusent dans la neige montrent qu'ils vont chercher de quoi manger dans l'humus. Il me faudra encore une année de travail pour élucider cette énigme. Les ours ne peuvent pas se nourrir normalement en sortant de la tanière. Ils ont besoin de temps pour que leur appareil digestif reprenne son fonctionnement habituel. Aussi s'accoutument-ils progressivement à la nourriture en mâchant des racines de myrtillier, des aiguilles de sapin, des vermoulures de souches, et ce pour rééduquer leur organisme.

J'ai donc renoué avec mes oursons. Je leur apporte tous les jours un peu de pain. Nous marchons beaucoup, plusieurs heures. S'il leur faut traverser un cours d'eau printanier tumultueux, ils ne craignent pas l'eau froide. Même sans raison, ils y pataugent avec plaisir avant de se rouler dans la neige et de s'y laisser ensevelir (ainsi sèchent-ils leur fourrure). Je ne puis m'empêcher de grelotter à la vue de leurs jeux glacés. Et ce tous les jours. Je brûle de les peser, mais je n'ose encore leur imposer ma volonté. Il est d'ailleurs trop tôt : en milieu naturel, les mères ourses et leurs petits de l'année, voire de l'année précédente, ne quittent la tanière que tardivement, aux premières taches fondues ; or, pour l'instant, les eaux de fonte jaillissent à peine de par-dessous la neige.

Le 25 mars, m'apprêtant à rendre une nouvelle visite aux oursons, j'aperçois deux taches brunes dans la cage. Venus d'eux-mêmes, ils inspectent les lieux, mettent le nez dans les niches où sont entreposés des outils sans importance, font un fracas de pelles, se collent au grillage et commencent à observer avec curiosité les fenêtres de notre maison. Ma femme et moi entreprenons de les peser en les appâtant sur le plateau de la bascule avec du pain. Yachka a perdu 7 kilos, et Katia seulement 5 ! Nous ne voulons pas y croire : les oursons n'ont pas mangé pendant quatre longs mois d'hiver ! La balance vérifiée, nous recommençons. Non, pas d'erreur...

Ce n'est pas tout d'hiberner dans sa tanière, encore faut-il survivre au printemps en l'absence de fourrage alors que la dépense en énergie va croissant. À la tanière, l'ourson bouge peu et sa consommation énergétique est minimale ; mais maintenant, il lui faut se déplacer dans la forêt, surmonter toutes sortes d'obstacles, retourner des rondins et des pierres, détruire des souches, déterrer des racines et démolir des nids de mulot dans l'espoir de se mettre quelque chose dans le ventre. La neige est encore abondante. Le jour : de la soupe ; la nuit : une croûte gelée de surface qui interdit la marche à pied et à skis. Nous décidons de leur donner la pâtée pendant une semaine, à raison d'une seule portion – modérée – par jour. Ensuite, je passerai une quinzaine de jours avec eux aux marécages pour les voir s'adapter aux conditions du printemps.

À l'émergence des premières taches fondues, je fais mon sac à dos, m'arme d'une caméra et prends le chemin des lointains marécages à travers bois. En général, les oursons sentent bien si je viens à eux pour une simple promenade ou pour un long voyage. Dans ce dernier cas, tout en sachant qu'ils ne seront pas nourris, ils marchent avec un plaisir immense et une joie sans fin. Les cinq ou six premiers kilomètres, ils ne cessent de se battre, de grimper aux arbres, de rivaliser de vitesse, sans oublier ce faisant de me couver de l'œil pour savoir où je vais. Cette fois encore, dès que je me présente à la cage en tenue de campagne, Katia se met à secouer la porte cependant que Yachka grimpe aux barreaux jusqu'au toit, se retourne là-haut la tête en bas et attend dans cette position que je vienne lui ouvrir. À peine sortis, les deux oursons s'enfilent sur le sentier forestier tout en pataugeant gaiement dans les flaques. Ployant sous mon fardeau, je me traîne à leur suite. Tant qu'ils connaissent le chemin, les rôles sont inversés : c'est moi qui les suis et non le contraire. Mais la route est encore longue avant qu'ils ne se mettent sur mes pas. Ils sont partout, tantôt ici, tantôt là, barbotant dans les flaques, s'éclaboussant, se rossant. Je me surprends à les envier. Pourtant, j'ai l'avantage de porter au dos un sac plein de nourriture. Pour eux, c'est plus incertain. Dans l'indigence des marécages, ils vont sûrement déchanter…

…Eh bien non. Au risque d'anticiper, je dois reconnaître qu'ils ne cesseront jamais de jouer malgré les privations. Ils mangeront une maigre végétation marécageuse, mais joueront à temps perdu ; ils se mouilleront sous les pluies froides du printemps, perdront du poids en attendant la percée d'une herbe digne de ce nom qui, comme par un fait exprès, tarde à venir cette année-là, mais... joueront! Ils joueront à l'envi, de bon cœur, éperdument! Ils joueront en goûtant à l'espace, au printemps, à la liberté.

Nous passons dix-sept jours parmi les marécages et les bois de sapins environnants. Les premières graminées ont percé au soleil, aussitôt avalées par mes oursons. Dans les marais, leur principal fourrage est une laîche dite *Eriophorum vaginatum L.* Au printemps, cette plante sans prétention nourrit tout le monde: canards, oies, tétras, gélinottes, cerfs, ours. Bien sûr, ce dernier ne passera pas à côté de l'airelle des marais, *Oxycoccus palustris Pers.*, mais son principal aliment de saison est la laîche. Malgré mes pronostics et mon sac plein de victuailles, je crois qu'ils souffrent moins que moi. Leur poids finit par se stabiliser – ni perte ni reprise –, et nous prenons le chemin du retour. Maintenant, Yachka pèse 22 kilos, et Katia, 23. En quinze journées de printemps, ils ont donc perdu plus qu'en quatre mois d'hiver.

Alors, saison rude, le printemps? Oui, mais moins décisive que l'automne. Car si le plantigrade ne fait pas le plein de graisse pour l'hiver, il se transforme en *chatoun*, l'ours maraudeur. Or, comme chacun sait, ceux-ci périssent inévitablement. L'automne est donc bel et bien la saison la plus vitale, déterminante pour le devenir de l'animal. Lors des années maigres en baies et en noix, beaucoup d'ours vont errant à travers bois et finissent par crever dès les premiers mois de l'hiver...

19.

UN MOMENT CRITIQUE

Il y a du mai dans l'air des bois. Partout percent les premières fleurs : l'hépatique, l'anémone. Des carrés d'herbe verte s'illuminent dans les clairières, où se hérissent de tristes mottes rousses couvertes de brindilles fripées de la saison passée. Les fourmilières s'animent. Les bourgeons vert tendre éclosent, encore poisseux. Le tétras s'est tu dans la vieille pineraie, les combats de coqs sauvages ne se font plus guère entendre, seules les gélinottes sifflent à qui mieux mieux dès le matin, et, par volées entières, rivalisent entre elles de vitesse. Le soir, les bécasses croulent de leur cri languissant à travers la pénombre. De l'aube au crépuscule, la forêt s'emplit de toute une cacophonie où l'ornithologiste lui-même aurait du mal à se retrouver. Les merles, qui chaque année colonisent un bouquet de sapins dans le village de la réserve, assaillent le premier passant venu en flûtant à tue-tête ; pour peu que ce passant soit un chat, ou un chien, ou une corneille, ou une pie, la colonie déclenche un tel tintamarre que l'intrus décanille aussi sec.

Fin mai, début juin. Quelque chose d'important commence pour les ours : la saison des amours. Les vieux mâles occupent ici des territoires qu'ils contrôlent jalousement en laissant partout leurs marques, traces spéciales imprimées sur les pistes qu'ils empruntent, frottis ou morsures aux troncs des arbres. Leur odeur y est estampillée. Debout sur ses pattes arrière, l'ours se place dos au tronc et se frotte l'échine à l'écorce, puis la nuque et le front, tête dressée. Quand arrive un congénère, ce dernier examine l'écorce frottée, « lit » la marque olfactive du maître des lieux et comprend que la place est prise. L'autre ne la cédera pas sans un combat acharné. En général, les ours règlent leurs différends territoriaux d'une manière pacifique, par signaux interposés, sans confrontation directe, évitant par là même le recours à la force. La population des plantigrades a tout à y gagner car les combats d'ours sont féroces et parfois mortels.

Au moment même où les ours préparent leurs noces, les cellules familiales éclatent. Les mères ourses « se fiancent » et les oursons de l'année d'avant (un an et demi) commencent une existence autonome. Mais comment la mère chasse-t-elle ses petits ? La question est restée longtemps sans réponse. Au vu de mes observations, je n'arrivais pas à comprendre qu'une ourse pût se séparer d'un jeune parfaitement capable de remonter sa piste dans la forêt. Restait à supposer que les oursons quittaient leur mère au moment de sa rencontre avec le mâle. Car ce dernier ne fait pas de quartier, et peut très bien dévorer les petits.

Je prépare donc une nouvelle excursion sans trop savoir comment aborder le problème. Le lien entre les oursons et moi s'opère au travers de l'instinct de poursuite, c'est-à-dire que je joue le rôle de la mère, mais je n'envisage pas pour autant d'aller faire la cour à des ours mâles. En revanche, j'ai la ferme intention d'aller sur leurs territoires, de visiter leurs espaces de nourriture et de repos et de marcher sur leurs marques. Je souhaite en effet analyser la réaction de mes oursons à tous ces signaux. Ce faisant, j'essaie de vivre avec eux comme les familles ours, par des séjours prolongés sur un territoire donné.

Nous parcourons un marécage en cueillant des airelles desséchées de la saison passée quand je constate soudain que les oursons se dressent en station verticale, scrutent les alentours d'un œil inquiet puis courent se réfugier dans un bois en renâclant. N'attachant guère d'attention à cette alerte – une bête sauvage, sans doute –, je continue de me régaler de baies acidulées. Mais le temps passe et mes oursons ne reviennent toujours pas. C'est alarmant. J'émets un signal d'appel, persuadé qu'ils vont accourir (d'habitude, ils y répondent à l'unisson), mais pas de réponse. C'est étrange. J'arpente le bord du marécage et m'enfonce un peu dans le bois – personne. Alors je repère leurs empreintes et me mets à les pister lentement.

En chemin, j'hésite beaucoup, songeant même à revenir sur mes pas, mais la trace qu'on devine à la courbure des rares brins d'herbe semble indiquer que les oursons ont voulu fuir, et je décide de remonter la piste jusqu'au bout. Leurs empreintes s'interrompent à un ruisseau. Là, je tourne en rond. C'est à ce moment que j'entends renâcler. Levant les yeux, je les aperçois chacun sur un bouleau. Il est clair qu'ils y sont depuis longtemps, et qu'ils n'ont pas l'intention d'en descendre. J'appelle, mais en vain. Alors, ne souhaitant pas perdre mon temps à ne rien faire, je cueille quelques ramures sèches dont je me fais une couche pour dormir au soleil.

Quelqu'un me tire par le nez. Je me réveille et mon regard croise celui d'un ourson. C'est Katia séduite qui cherche à me sucer le nez. Je lève les yeux et vois Yachka qui gratte, insouciant, dans la vermoulure d'un tremble. Ne songeant plus à élucider la raison de leur frayeur (deux heures ont passé depuis), je retourne au marécage d'où nous sommes partis tout à l'heure. Ils me suivent. Une fois sur place, j'avise sur la mousse les empreintes profondes d'un gros ours, et quelque chose me dit qu'elles sont l'explication de la peur de mes oursons. Maintenant, ils s'en approchent, les flairent, renâclent un peu et reculent : réaction classique à la trace d'une grosse bête. Pour vérifier mes soupçons (cette empreinte a pu refroidir sur la mousse), je décide de rester dans le secteur jusqu'à tomber sur l'empreinte encore chaude d'un ours mâle. Cette occasion ne se présente pas ce jour-là, ni durant les deux jours suivants. Nous marchons sur des traces d'ours et repérons leurs marques, les petits se tiennent sur leurs gardes mais ne cherchent pas à s'enfuir. Bref, comportement normal. Le troisième jour, en revanche, je tombe sur l'empreinte encore chaude, et même brûlante, d'un ours mâle.

D'abord, nous entendons l'animal : un grondement sourd, un craquement de branche. Les oursons renâclent pour la forme, mais marchent ensemble dans mes pas. Pourtant, nous n'avons pas plus tôt trouvé son empreinte que Katia pousse un râle et s'écarte brutalement ; Yachka va pour la suivre mais, tombant sur cette même empreinte et semblant s'y heurter comme à un mur invisible, déguerpit dans le sens inverse ! Je n'ai plus qu'à deviner à l'ouïe la direction de leur fuite. Il m'apparaît désormais clairement que l'éclatement de la famille ours se produit à l'odeur d'un mâle en rut. Point n'est besoin à la mère ours de repousser ses enfants, ce que d'ailleurs elle ne parviendrait pas à faire. La nature a prévu les choses plus simplement. Au fil de son évolution, le plantigrade a appris à fuir à cet âge l'odeur de l'ours en rut, ce qui garantit du même coup la sécurité des oursons. Quand la femelle, mue par l'instinct de reproduction, part à la recherche d'un mâle, les petits s'échappent et perdent leur mère. Après l'accouplement, l'ourse garde un temps l'odeur du mâle « étranger », ce qui rend difficile, voire impossible, un rapprochement des oursons avec leur mère. C'est un point essentiel pour la compréhension du développement biologique de l'ours brun.

J'ai toutes les peines du monde à retrouver mes oursons. Deux jours plus tard, pour en avoir le cœur net, je les mets sur la trace d'un autre ours mâle. Et je passe la journée entière à courir la forêt sur leurs empreintes, jusqu'à ce que je les découvre dans un abattis : mes expériences commencent à les rendre fous. J'arrête là. Maintenant, je prends soin d'éviter ces deux territoires et ne fréquente plus que les sentes et les pâtures familières. Une semaine se passe ainsi sans histoire, jusqu'au jour où un grand ours s'aventure dans notre secteur. Il piétine notre piste, laisse en évidence un gros tas d'excréments, écime près de là un sapin de 5 mètres. Il cherche clairement à nous faire comprendre qu'il nous a découverts, comme l'atteste sa carte de visite. Mais ces marques-là n'impressionnent guère mes oursons. Ils flairent les parages, renâclent et passent leur chemin. Peut-être ces traces ne sont-elles pas assez fraîches, toujours est-il que les oursons n'ont plus cette peur panique de l'odeur du mâle. À moins qu'ils ne soient rassurés par ma présence, sachant que je ne suis pas près de les laisser tomber et qu'il ne sert à rien de fuir au loin de moi, à moins encore que la période critique, où l'instinct de fuite se manifeste avec le plus d'acuité, ne soit passée. Quoi qu'il en soit, les oursons ne fuient plus.

20.

LE PLEIN DE GRAISSE

L'été se passe comme à l'accoutumée. Août arrive très vite, saison déterminante où les ours doivent engraisser en peu de temps pour l'hiver. Le plus simple étant de les faire pâturer dans les champs d'avoine, nous reprenons le chemin de Tokovié où nous avons nos aises. Nous sommes plusieurs maintenant : Anna Choubkina, diplômée de l'université de Moscou, ma femme et moi. D'autres se joignent parfois à nous. Notre programme d'observation éthologique des oursons est bouclé pour l'essentiel, mais d'autres spécialistes ont des expériences à faire. Nous changeons donc notre tactique d'approche.

J'ai toujours veillé à ne pas cultiver de contacts directs avec les oursons, et à ne pas leur imposer mon bon vouloir, ne souhaitant ni interférer avec leur comportement ni perturber leur réaction naturelle à l'environnement. Maintenant que nous sommes plusieurs, ce n'est plus possible. Ils sont entourés d'étrangers qui bavardent et qui vont même jusqu'à leur passer la main dans la fourrure, ce qui n'est pas sans danger : l'ours peut les saisir en un clin d'œil par la manche ou par le bras, et quelques claquements de crocs menaçants ont tôt fait de calmer l'ardeur de chacun à caresser ces animaux « domestiques ».

Peu à peu les oursons s'habituent aux hommes, et inversement. C'est ce qu'il faut pour l'expérience. Ils couchent dans la grange, et nous, dans l'isba. L'avoine commence à notre porte, particulièrement opulente à l'endroit des anciens potagers. Les ours n'ont que quelques dizaines de mètres à faire pour accéder à leur territoire fourrager. Mais, contre toute attente, ils y renoncent. Après dix jours passés dans la forêt à se nourrir d'herbes sans autre appoint alimentaire (avec une préférence marquée pour les tiges d'angélique), ils vont maintenant à la pomme qui, cette année, abonde dans les vergers en friche de Tokovié. À l'examen de leur comportement alimentaire, il apparaît qu'après avoir commencé par un mélange d'herbe et de pomme, ils n'excrètent plus que des déjections de pomme au bout de cinq jours. Pour l'avoine, pas le moindre égard. Pourtant, la graine est en phase de mûrissement laiteux (juste le moment où les plantigrades commencent à la manger). Inspection faite des champs d'avoine de Tokovié, nous repérons les territoires fourragers de quatre ours : mes vieilles connaissances de l'année précédente sont au rendez-vous. Mais nos oursons continuent de se gaver de pommes, sans pitié pour les branches quand, une fois sur l'arbre, ils ne peuvent en atteindre les fruits. Nous aussi mangeons des pommes, cela va de soi. Il s'avère bientôt qu'ils ne choisissent que celles qui ont notre préférence. Conséquence d'une telle rivalité, les belles pommes ne tardent pas à disparaître. Ne restent plus (à foison) que des fruits sauvages au goût amer et acide. Comme les oursons n'en veulent pas, ils prennent enfin le chemin de l'avoine. Tout recommence de zéro, ainsi que l'année passée. D'abord, ils égrènent les épis avec une apparente maladresse puis, de jour en jour, augmentent leur consommation. Au huitième jour, leurs excréments ne se composent plus que d'avoine. Voilà qui montre bien la transition graduelle du régime alimentaire des ours. Cette caractéristique concorde par ailleurs avec mes observations faites sur l'alimentation des ours sauvages.

En milieu naturel, certains spécimens préfèrent ne consommer qu'une seule espèce végétale durant dix ou quinze jours. Il arrive souvent que deux ours voisins fréquentant pratiquement le même territoire choisissent chacun leur fourrage : à l'un, des pousses d'épilobe *(Chamænerion angustifolium L.)* ; à l'autre, de jeunes plants juteux de framboisiers. L'analyse des excréments montre que la principale composante constitue entre 30 et 100 % de la ration alimentaire de l'animal. Puis l'ours se tourne vers un autre végétal en train de mûrir. On assiste alors à une phase transitoire graduelle : la substitution d'une composante à une autre (ou à un groupe d'autres composantes). Cette transition dure de cinq à huit jours. C'est une phase d'accoutumance. Après quoi l'ours se gave sans réserve.

Nos oursons fixent eux-mêmes leurs horaires alimentaires (je ne les accompagne plus au champ) : le matin et le soir, passant la journée couchés dans la grange. Nous parcourons les champs, traçons sur la carte les secteurs fourragers des ours, prenons des prélèvements d'avoine.

Puis nous pesons les échantillons en essayant de calculer la quantité ingurgitée par un ours en une saison. Ce faisant, nous n'oublions pas non plus de peser nos oursons. Il s'avère qu'ils ne peuvent absorber plus de 5 ou 6 kilos d'avoine par jour. Ce chiffre concorde parfaitement avec nos observations préalables faites sur les ours sauvages. En d'autres termes, cela signifie que tous les plantigrades, quels que soient leur taille et leur poids, ingèrent à peu près la même quantité d'avoine dans un laps de temps donné. Certes, un gros ours doit accumuler plus de graisse en vue de l'hibernation. Mais, pour tout le monde, la saison de l'avoine ne dure qu'un temps limité, du mûrissement à la moisson. Aussi l'ours adulte doit-il se nourrir chaque jour plus longtemps, et c'est là que le bât blesse : trop dangereux, il risque d'y laisser sa peau. À situation égale, les oursons se trouvent avantagés. Voilà qui explique peut-être la nécessité biologique de la petite taille de la femelle qui doit non seulement s'engraisser pour l'hiver, mais aussi nourrir sa portée.

C'est déjà le temps des moissons. Par une belle matinée ensoleillée, nous entendons un grondement poussif de moteurs. Les moissonneuses-batteuses sont en marche sur Tokovié. Nous avons déjà renvoyé le gros du matériel au domaine central. Il ne nous reste plus qu'à boucler nos sacs et à siffler les oursons. À chacun sa route : je prends les bois, les femmes vont au village.

Les oursons et moi passons l'automne à errer dans la forêt. Toute leur activité consiste à manger le plus possible. Quand nous tombons sur quelque pâtis, ils y prennent leurs quartiers. Alors je plante ma tente sur un carré de terre sèche. Ils se nourrissent d'airelles, puis de sorbes. La saison des baies passée, ils cessent pratiquement de se nourrir. Il devient clair qu'ils se préparent à hiberner.

C'est la conscience tranquille que je peux m'atteler à la suite de mon programme. Je connais d'ores et déjà le gain de poids quotidien d'un ourson de plus d'un an en période d'engraissage : un kilogramme en moyenne. Sachant qu'il y a des jours où il ne mange rien du tout (en phase de transition alimentaire), on peut conclure qu'il prend plus d'un kilo les jours d'alimentation active. À cela contribue son comportement de moins en moins remuant : peu de jeux, pas de déplacements autres qu'au pâtis, trois ou quatre siestes dans la journée, un seul aliment à la fois, ce qui le dispense de consacrer du temps à la recherche d'une autre ressource alimentaire. Quand un fourrage se tarit (l'avoine par exemple) et que sa consommation demande trop d'efforts, il part en quête d'une nouvelle pâture (airelle, sorbe...) et s'en nourrit jusqu'au bout, voire jusqu'au moment d'aller à la tanière.

21.

COMMENT LES OURS PENSENT-ILS ?

L'ours brun a le don d'étonner : il peut marcher comme un bipède, exécuter des numéros de cirque, communiquer avec l'homme. Mais il n'en reste pas moins un égoïste qui marie la simplicité et la ruse, la bonté de cœur et la perfidie. On connaît depuis longtemps sa capacité de raisonnement. Par exemple, quand il se rend au champ d'avoine, il ne s'avance pas tout de suite. Il guette d'abord le danger, s'approche d'un côté, puis de l'autre, hume l'air à la recherche d'effluves qu'il est seul à connaître. S'il soupçonne quelque chose, il peut se tapir et ne plus bouger pendant longtemps, sans que rien ne transpire de sa présence. Parfois, au contraire, il fait craquer exprès une grosse branche à la cantonade – voyez, je suis là ! Puis il se pétrifie, l'oreille aux aguets. S'il y a des bêtes dans le coin, un tel craquement les fera déguerpir ; s'il y a un chasseur à l'affût, ses nerfs lâcheront et le trahiront au premier bruissement. Car Dieu sait combien l'ours a l'ouïe fine ! Il entend les pas d'un marcheur à plus de 300 mètres dans la forêt, comme j'ai pu m'en convaincre moi-même.

Depuis de longues années, le professeur Léonid Krouchinski conduit des études de laboratoire sur la capacité de raisonnement de différents animaux, principalement chez les mammifères carnassiers : chats, chiens, renards et loups. Je partage sa volonté de tester l'ours brun. Mes spécimens l'intéressent d'autant plus qu'ils sont aptes à la vie sauvage, contrairement aux cobayes de zoo sur lesquels il est contraint de travailler d'habitude. Mais l'expérience exige une préparation sérieuse. Le principe du test est de placer l'animal devant un paravent spécial percé d'une fente. Par cette fente, il voit deux assiettes en mouvement – l'une vide, l'autre pleine – sortir de son champ de vision (chacune de son côté). À lui de trouver de quel côté contourner le paravent pour accéder à l'assiette pleine. Mais il y a un facteur de complication : l'accès à la fente passe par un labyrinthe de complexité variable qui canalise le mouvement de l'animal à l'arrivée comme au départ (vers les assiettes). Fabriquer un mécanisme pareil pour un renard ou un loup est une chose ; pour un ours, c'est une autre paire de manches… Connaissant l'humeur rétive de mes bêtes, leur opiniâtreté à tout crin, leur étonnante faculté de foncer coûte que coûte en travaillant des griffes, des crocs et de leur force musculaire hors pair, je décide d'installer un dispositif qui tienne compte de ces réalités. Je me transforme en charpentier, forgeron, soudeur, serrurier, et fabrique le plus grand paravent jamais utilisé pour une telle expérience : paravent de fortes planches, cloisons de contre-plaqué amovibles pour moduler le labyrinthe, système de commande en métal avec toutes sortes de câbles et de manettes. Je renonce à l'idée d'une installation électrique : mes oursons (je les connais) dénuderont les fils et prendront le courant – ils ne font jamais les choses comme nous voudrions qu'ils les fissent... L'installation prête, je la monte sur une estrade à proximité des cages, avec une régie de commande couverte et cachée (l'ours ne doit pas voir l'opérateur aux commandes).

Mes ours ont changé. Adaptés à la vie sauvage, ils présentent un réel danger pour les expérimentateurs qu'ils devront côtoyer en cours de test. Je les prépare à l'expérience en leur faisant découvrir le paravent, les mécanismes et leurs cliquetis, les assiettes (dans lesquelles je les fais manger), les odeurs, et bien sûr le personnel. À chacun son rôle. Nous répétons fébrilement.

Vient enfin le moment du premier essai. Yachka se produit le premier. Il se dandine en direction de la fente, par laquelle je l'ai nourri la veille, y glisse la tête dans l'espoir de manger sa pâtée mais, ô surprise, les assiettes se mettent en branle et s'éloignent chacune de son côté. En principe, la gueule de l'ours reste inexpressive dans n'importe quelle situation. Mais là, elle traduit un désarroi évident qui bientôt se développe en indignation. Encore un coup d'œil jeté à la fente et il y introduit sa patte griffue, attrape à tâtons le mécanisme porte-assiettes et le tire si violemment que toute l'installation s'ébranle et nous doutons un temps de sa pérennité. Mais non, le système a bien tenu. Yachka finit par ôter la patte. Il remet l'œil à la fente, se retourne et s'enfile dans le labyrinthe pour contourner le paravent. Il se retrouve le nez dans l'assiette vide. Erreur ! L'ours est alors ramené à sa cage.

Au tour de Katia, maintenant. L'air concentré, elle glisse le museau à la fente. Quand les assiettes se mettent à tinter, elle contourne le paravent du bon côté et tombe droit sur sa pâtée. Retour de Katia à la cage. Les premières notes sont consignées dans les carnets. Comme souvent, le succès de l'expérience insuffle la bonne humeur, on chuchote, le professeur promène son doigt sur le procès-verbal tenu par Anna Choubkina.

Mais l'expérience continue. Un silence tendu s'instaure, et je ramène Yachka au paravent. C'est alors que se produit l'imprévisible. À peine arrivé à son poste, l'ours glisse la patte par la fente et *hop !* bloque fermement l'assiette pleine. Je manipule fiévreusement les leviers, les câbles se tendent, le mécanisme grince, gémit, menace de rompre, mais l'autre ne lâche pas prise et vide son assiette avec application. Ceci fait, il s'en retourne en chaloupant à sa cage avant même d'y être invité, d'un air dédaigneux, à la fois satisfait et narquois, qui semble nous dire à tous : « Je vous ai bien eus. » C'est du moins ce que nous avons ressenti. Troublé, le professeur en appelle au sang-froid de tous et me fait reconstruire le paravent avec une nouvelle fenêtre (« c'est ou bien la patte, ou bien la tête, mais pas les deux… »), à quoi je passe une journée entière de travail. Désormais, il n'y aura plus de mauvaises surprises.

Nés d'une même portée, les ours révèlent des aptitudes différentes. Katia fait peu d'erreurs. Elle comprend vite le fond du problème. Yachka, quant à lui, a besoin d'une phase d'initiation. Au sortir du labyrinthe, il a de la difficulté à choisir le bon côté pour aller à l'assiette.

Mais en l'absence de labyrinthe, il n'a fait qu'une erreur : la première. L'expérience dure plusieurs jours, d'autant qu'il n'est pas permis d'effectuer plus de trois tests dans la journée. C'est la première fois que le dispositif Krouchinski est appliqué à l'ours brun.

Bientôt nous fabriquons une installation nouvelle visant à évaluer le sens empirique de la dimension et du volume chez l'ours. L'animal a devant lui plusieurs supports tournants sur lesquels reposent des figures semblables par leur couleur et leur forme, mais pas par leur volume. Par exemple : un carré en carton sur un support, et un cube du même format sur un autre. Quant à l'installation, elle se présente comme un B d'à peine plus d'un mètre. Son milieu (le creux du B) est hors de portée de l'ours, mais les bords des deux plates-formes (les boucles du B) lui sont accessibles, de sorte qu'il peut faire tomber avec la patte telle ou telle figure qui lui est présentée. On commence par lui montrer un sucre, qui est posé au milieu du dispositif, entre les plates-formes où les figures sont déjà en place (un carré et un cube, un triangle et un prisme, etc.). Puis le dispositif est caché par un panneau de contre-plaqué, et le sucre est glissé sous la figure pleine. Le panneau retiré, les figures tournent sur elles-mêmes. L'ours voit alors que le carré n'a pas de volume, mais le cube, si. Bientôt les deux figures jumelles sont mises à sa portée. À lui de comprendre que le morceau de sucre ne peut se trouver que dans la figure à trois dimensions. S'il la renverse, le sucre est à lui. Katia, comme précédemment, résout le problème d'entrée de jeu. Yachka n'arrive pas à comprendre où donc est passé le sucre qu'il aime tant, et fait beaucoup de fautes avant de découvrir qu'il ne peut se cacher que sous une figure en relief. Dès lors, il n'est plus possible de le confondre par quelque configuration que ce soit. Comme pour la première expérience, il lui a fallu une période d'apprentissage. Avec cet appareil, Anna fait le tour des zoos et cirques du pays. Résultat, vingt-quatre ours d'espèces différentes, neuf loups et quatre tigres testés. Il s'avère que les ours bruns résolvent le problème mieux que tous les autres gros carnassiers. Le sens logique se révèle plutôt bien développé chez les loups. Viennent ensuite les ours de l'Himalaya, les ours blancs et les tigres. Les conclusions de ce grand travail commencé dans notre réserve ont montré que, par son sens logique, l'ours brun surpasse notablement le chien et le loup, mais pas le singe, ce qui concorde avec la complexité anatomique des cerveaux de ces mammifères. Anna soutiendra là-dessus une thèse remarquable.

22.

RETOUR À LA TANIÈRE

Notre programme achevé, une question se pose : que faire maintenant des ours ? Nous n'avons pas envie de les garder en cage pour amuser la galerie. Il faudrait s'en occuper en permanence – nettoyer la cage, leur faire à manger, etc. – et nous manquons de bras. Quant à remettre en liberté ces animaux accoutumés à l'homme et à la pâtée, ce n'est pas sans danger, d'autant qu'ils auront quelque peine à se faire une place dans la forêt où les ours sauvages sont légion. Après de longs conciliabules, nous décidons de les accompagner jusqu'à l'hibernation. Au printemps, nous verrons bien. Chacun de nous couve le secret espoir qu'après un hiver passé à la tanière loin du domaine central, les ours resteront dans les bois. Je n'y crois guère : l'ours a bonne mémoire ; quand il aura faim, il retournera à ses anciennes auberges. Mais bon, qui ne risque rien n'a rien.

La première neige tombe le 9 novembre. Je charge mon matériel sur le télègue qui le transportera à la lointaine izbouchka de Gorbounovka, et pars avec mes ours. Nous arrivons le lendemain. Le télègue ne tarde pas à nous y rejoindre, annoncé une demi-heure à l'avance par le fracas de ses roues sur les racines noueuses des sapins ancestraux dont la ramure basse voûte le chemin forestier. Effrayés par le vacarme, les oursons se cachent. Tant mieux : je ne serai pas gêné pour décharger mes bagages. Nous commençons tout juste à débarrasser la voiture quand le cheval renâcle. C'est Maltchik qui est dans l'attelage, un hongre vieux mais bien bâti qui connaît par cœur tous les chemins de la réserve, et qui peut aussi bien traverser un marécage que tirer un traîneau surchargé par le gué accidenté d'une rivière. Ce cheval connaît les bêtes, aussi pensons-nous qu'il a senti l'odeur des oursons. Mais, alors que nous déposons mes effets dans l'isba, un violent craquement se produit au-dehors. Sorti d'un bond, j'aperçois les oursons qui détalent, un brancard ballant au collier de Maltchik – brisé sans doute d'un bon coup de sabot – et l'œil courroucé du cheval aux oreilles couchées d'indignation. Mais l'animal n'a pas bougé et, grâce à ses nerfs d'acier, le chargement est intact. Nous finissons de décharger mon bric-à-brac, ficelons les débris du brancard en le renforçant d'une tringle d'érable, et le télègue vide reprend à grand fracas le chemin du retour, plus bringuebalant encore qu'à l'aller.

Je profite d'un temps de répit (les oursons ne sont toujours pas sortis du bois) pour mettre de l'ordre dans mes affaires.

Il y a par ici une multitude d'abattis tout désignés pour l'aménagement des tanières. Les ours n'ont que l'embarras du choix, d'autant que leur faculté d'adaptation est considérable. Il m'est arrivé, en effet, de trouver des repaires aux endroits les plus incongrus : dans le buisson d'un marécage, dans une clairière sous un sapineau, dans un chablis… et même dans une meule de foin, au bord d'un champ. Inutile, donc, de se casser la tête. Je plante ma tente à quelque 500 mètres de l'izbouchka. Comme je garde un souvenir glacé de l'hiver dernier, j'y installe

Maltchik choqué par la désinvolture de l'ourson.

cette fois un petit poêle en fer de ma fabrication, façon taïga. Le bois s'y consume très lentement, ce qui permet de maintenir une température régulière. Quiconque a vécu sous une tente sait que l'air devient suffocant de chaleur dès que le bois chauffe ; mais qu'il devient glacial dès que le foyer s'éteint. Je fais d'avance provision de bûchettes et, au premier gel, une fumée bleue s'échappe du tuyau de mon poêle. Mes manœuvres de chauffage n'importunent en rien les ours qui se mettent d'emblée à construire leur tanière.

Comme l'an passé, ils placent l'entrée de l'antre du côté des racines et non du tronc, avec la même technique de nidification. Quand la tanière est presque prête, je sors de ma tente pour l'inspecter en détail. Une telle désinvolture affecte mes ours qui abandonnent le chantier et passent plusieurs jours couchés près de ma tente avant d'aller se construire une nouvelle tanière un peu plus loin. Au bout de trois jours, je procède encore à l'examen de celle-ci. De nouveau les ours interrompent les travaux. Rien ne traduit leur dépit, mais je sens bien qu'au fond d'eux-mêmes ils me désapprouvent. Ils ne quittent plus leur couche, exhibent un air impénétrable. À la première neige épaisse, ils entament la construction d'une troisième tanière. Nous sommes le 27 novembre. Il y a longtemps que tous les autres ours hibernent au fond de leurs trous. Je décide de ne plus les déranger et de rentrer chez moi à la première occasion. Dans la nuit du 28 au 29 se déchaîne une vraie tempête. Je m'efface discrètement, dors à l'izbouchka sans même allumer le poêle et, à l'aube, prends le chemin du domaine central. Tout semble aller pour le mieux mais, cinq jours plus tard, les ours se montrent aux abords de leur cage. Ils ont fait 15 kilomètres en ligne droite à travers bois. Tout est à recommencer.

Cette fois, je prends ma femme avec moi. Il faut quitter le site de la tanière, devenu trop suspect : j'avais surestimé la confiance qu'ils plaçaient en moi. Et je ne peux faire seul le déménagement qui s'impose de toute urgence, sans quoi les ours renonceront à se faire une tanière et il me faudra les tenir en cage tout l'hiver. Je n'en ai pas envie.

Nous arrivons le 5 décembre. Le 6, nous plantons la tente à 8 kilomètres de là. Les oursons passent la journée du 7 à creuser sous une énorme souche, à une cinquantaine de mètres de nous. Le lendemain, ils y étalent une litière et s'y couchent pour ne plus reparaître. Nous quittons la tente dans la nuit du 9 au 10, à la faveur d'une tempête de neige. Les oursons ne bougeront plus. Par rapport à l'année passée, ils n'ont fait preuve d'aucune recherche de construction, manifestant à chaque fois les mêmes stéréotypes comportementaux. Tout au plus se sont-ils montrés plus méfiants…

23.

YACHKA PREND LES BOIS

Les ours se montrent au village le 12 avril. Personne ne les a vus venir. La cage vide ne semble guère les intéresser. Katia escalade le grillage, attirée par mes deux malheureuses ruches sur socle (deux ans que j'essaie d'élever des abeilles, mais sans succès, faute de temps pour m'en occuper). Les chiens ont été les premiers à les voir ou à les entendre, signalant aussitôt leur intrusion par des aboiements furieux. Alerté, je sors de chez moi. Katia, indifférente à la furie des chiens, se tient dressée sur ses pattes postérieures et arrache le couvercle d'une ruche. Je pousse un cri. Elle abandonne alors son œuvre de rapine et détale à grands bonds, grimpe au grillage en passant prestement ses griffes dans les mailles de fer, et disparaît dans la forêt. Je comprends que c'en est fini de la vie tranquille. Je m'habille et vais voir.

Nous nous retrouvons en bons vieux amis, et faisons un tour en grattant les restes de neige. Puis je les reconduis à la cage – chacun dans la sienne. Notre espoir qu'ils restent vivre en forêt se volatilise. Néanmoins, je décide de les tester chacun à son tour. Ils ont 2 ans passés.

À cet âge, les ours vivent toujours en solitaires. Il est rare qu'on voie ensemble deux ours frères dans leur troisième année, au printemps. Nous les pesons le 13 avril. Chacun a perdu près du tiers de son poids au cours de l'hiver.

Pour la première sortie, je choisis Katia. Nous marchons toute la journée, de l'aube au crépuscule. Elle colle à ma trace, malgré de multiples écarts ici ou là en quête de nourriture. Inutile de songer à la perdre en brouillant les pistes, c'est un animal expérimenté et intelligent, capable d'éventer les empreintes les plus emberlificotées. Une seule sortie me suffit pour conclure que Katia ne peut vivre seule dans la forêt. Pis, on ne peut la laisser sans surveillance à la cage. Elle a perdu tout instinct de peur devant l'homme et les habitations. Elle risque d'entrer au village à tout moment, et je ne me fais aucune illusion quant à l'issue d'une telle visite. Je la remets en cage. Elle n'aura plus droit qu'à de rares sorties, et seulement sous mon contrôle.

Reste Yachka. Toujours sur ses gardes, il a l'instinct sauvage. Il fait tout pour éviter les hommes. Il disparaît souvent pendant les promenades et ne se laisse jamais rattraper, mais revient de lui-même à la cage dans la soirée, pour y dormir. Je décide de lui accorder l'entière liberté de ses mouvements.

Pendant tout un mois, Yachka vit au ban du village. Il disparaît au petit matin pour la journée entière. Mais son ombre silencieuse reparaît au soir, tourne autour de la cage et s'y glisse pour la nuit. Si j'essaie d'approcher, il déguerpit dans les bois et ne revient qu'après avoir acquis la certitude que l'intrus est l'un de ses proches. Ses excréments, qui abondent autour de la cage, comportent des restes de racines d'*Ægopodium podagraria L.* et d'*Angelica sylvestris L.*, des airelles entières, des vermoulures, des traces de laîche et bien d'autres choses encore non identifiables sans une analyse de laboratoire. Il est clair que Yachka va loin du village : le marécage le plus proche, où pousse l'airelle, ne se trouve pas à moins de 4 kilomètres. Contrairement à Katia, qui est passée entièrement au régime alimentaire domestique, Yachka n'a droit à aucun complément de nourriture. Il ne semble pas en souffrir. Aucun des habitants de la réserve ne le voit. Ce comportement m'intrigue un peu. Sa fréquentation de la cage ne peut s'expliquer que par sa sympathie pour Katia. Or, je l'ai dit, les ours à cet âge-là vivent en solitaires et les liens familiaux sont quasi dissous. En même temps, Yachka craint l'homme. Nous espérons tous qu'un beau jour il ne reviendra plus. Mais non, il reparaît régulièrement tous les soirs vers 9 heures. Je décide alors de partir avec lui le plus loin possible du domaine central, sans être certain qu'il me suivra (le lien s'est distendu entre nous). Mais Yachka se colle à moi dès qu'il me voit en tenue de marche : dans un tel accoutrement, pardi, on part pour plus d'un jour !

Nous prenons nos quartiers au lieu-dit Belle-Avoine. C'est un endroit paisible. Un ours y a ses habitudes, attiré tous les printemps par les jeunes pousses qui foisonnent ici sur un versant herbeux bien ensoleillé. Je sais que Yachka pourra y pâturer à l'envi. Erreur ! J'aurais dû tenir compte du caractère « ours » du véritable maître des lieux… La première nuit se passe sans histoires. Yachka se délecte d'herbes juteuses, dévaste des fourmilières, chasse les souris dans les ruines d'une grange. Dans la pénombre du soir, j'aperçois sa silhouette gibbeuse penchée sur le cours d'un ruisseau. Mais bientôt un ours grogne longuement dans la nuit, à quelque 70 mètres de là. Yachka renâcle, puis plus rien. L'obscurité m'empêche de retrouver sa trace, et, malgré le silence (pas même un chant d'oiseau), je n'arrive pas à distinguer le moindre indice à l'ouïe. Vers minuit, le même ours pousse deux grognements de colère. Son timbre menaçant résonne encore longtemps dans mes tympans, et je partage grandement l'inquiétude de Yachka. Notre voisin est coriace. Il fera valoir ses droits sur Belle-Avoine. Doutant que nous puissions faire face à la concurrence, je décide qu'au point du jour nous irons chercher autre part un meilleur asile. Ceci arrêté, je m'enroule frileusement dans un morceau de toile (les nuits sont humides au printemps) et m'endors.

À l'aube, j'essaie de retrouver la trace de Yachka. Je prospecte dans plusieurs directions tout en émettant des signaux d'appel. Je démêle les empreintes laissées par lui et l'autre grognard, mais sans succès. Je suppose alors qu'il est retourné au village, où la vie est quand même plus tranquille et, à midi, je déjeune à ma table. Mais point de Yachka. Le soir arrive, toujours rien. Vingt-quatre heures passent, pas de nouvelles. Je vais à Belle-Avoine pour rechercher ses traces. Après bien des tourments, je parviens à le pister jusqu'à Tokovié. Onze kilomètres. Souvent, je perds le fil et tourne en rond. Parfois, je doute d'être sur la bonne piste. Mais bientôt des indices – sa reposée, ses marques dans les pâtis, la taille de ses empreintes – me confirment que je tiens bien mon ours. Passé Tokovié, il est allé vers le village de Moskalevska. En longeant un champ, il a cueilli des graminées. À un certain moment, il a dû prendre sacrément peur: des touffes d'herbe ont été arrachées par les griffes de l'ours en position de saut. Le danger n'a pu venir que du champ (c'est la saison des semailles). Je vais jeter un coup d'œil et tombe sur une bourre de feutre. On a tiré sur Yachka! Je parviens à retrouver les «chasseurs» qui me donnent leur version des faits. C'était pendant la pause. Le tracteur était parti chercher le grain. Soudain, un semeur a aperçu l'ours qui longeait la bordure du champ. Un jeune ouvrier est allé prendre son fusil au village. Mais, en s'approchant pour ajuster le tir, il a été repéré par l'animal qui est parti ventre à terre vers les bois. Le coup de feu n'a pas fait mouche... J'essaie de rappeler à ces hommes les règles de la chasse à l'ours brun. Peine perdue. Les semeurs échangent des regards pleins de sous-entendus et des sourires moqueurs qui semblent me dire: «C'est bien la première fois qu'on rencontre un rigolo comme toi dans le pays.» Restons-en là.

Yachka a filé droit vers le village de Toud, à quelques kilomètres. De là, demi-tour vers Moskalevska. Je tourne en rond pendant vingt-quatre heures, avant de comprendre qu'il a choisi de revenir à Tokovié. Le lendemain midi, en suivant sa piste, je tombe subitement sur lui. Yachka est en train de marquer un arbre! Il travaille avec tant de zèle qu'il ne m'a pas entendu venir. J'en profite pour faire quelques photos en dépit d'un éclairage médiocre. Belle occasion, en revanche, de voir l'ours à l'ouvrage.

Yachka fait le tour d'un arbre d'environ 12 ou 14 centimètres de diamètre. C'est un sapin marqué d'anciennes griffures et de coulées noircies de résine. Il flaire l'écorce de près, se dresse sur ses pattes postérieures et s'étire pour atteindre l'entaille supérieure, en vain : trop petit encore. Yachka trépigne encore longtemps sur ses pattes arrière, et j'ai l'impression qu'il va abandonner. Mais non, il enlace le tronc et se hisse prestement à la bonne hauteur. Là, il hume avec soin la morsure, hoche la tête puis, le croc planté dans l'écorce, l'entaille si fort que des échardes blanches en jaillissent. Il flaire encore la marque – la sienne et l'autre –, puis descend, toujours debout sur deux pattes, tourne le dos au tronc et commence à s'y frotter l'échine et la tête. Celle-ci se contorsionne tant qu'il peut toucher l'arbre du front. Mais il y a encore une vieille trace près du sapin : des empreintes d'ours profondément imprimées dans le sol. Yachka s'en approche, y met le nez puis les pattes, comme pour « chausser » les marques. Les membres tendus au maximum (il paraît ainsi plus large et plus grand qu'en vérité), il piétine la terre avec un balancement caractéristique. Je ne bouge pas. Il ne m'a même pas remarqué ! Un moment plus tard, il disparaît sans bruit dans les fourrés. Je m'assois à mon aise, sors mon carnet et m'empresse d'y consigner la description de la scène…

Yachka a pris ses quartiers au lieu-dit Souche-Brûlée, à un kilomètre et demi du village de Yasnovitsy. Je connais bien l'endroit pour l'avoir parcouru dans tous les sens sur les traces des ours. Le site a été ainsi baptisé à l'époque déjà lointaine où l'on fauchait toutes les clairières herbeuses de la forêt. Au centre de l'une d'elles se dresse le pied d'un chêne carbonisé mais solide. La souche ne devait guère gêner les faucheurs, mais c'était une vieille habitude paysanne que d'arracher le moindre carré de terre à la forêt, alors on avait décidé d'extirper la souche de ce chêne solitaire qui faisait comme un nez au milieu de la figure. Seulement voilà, l'arbre ne s'était pas rendu comme ça. Il flambait en surface, mais le cœur, raccordé à la terre humide par de fortes racines, n'en paraissait que plus dur. Ni le feu ni la hache ne voulaient de lui. Il avait gagné, et l'endroit lui devait son nom. L'herbe y foisonne encore dans les dernières clairières, parmi les framboisiers. Dans les bois clairsemés de sapins se déroule un véritable tapis de myrtilles. Les hommes viennent rarement jusqu'ici, et l'endroit est apprécié des ours : ils y vivent tranquilles et repus. Yachka y a déjà séjourné, mais c'était le premier été de notre expérience. Rien ne m'autorise à penser qu'il est venu ici de mémoire, bien que cela ne soit pas à exclure : plus d'une fois j'ai pu constater que les ours se rendaient à dessein dans des lieux qu'ils n'avaient vus que deux ou trois fois dans leur plus jeune âge. Quoi qu'il en soit, c'est au lieu-dit Souche-Brûlée que Yachka commence une existence indépendante et solitaire dans les bois.

Six jours durant, je marche sur les traces de Yachka et rencontre ses excréments, ses reposées. À plusieurs reprises j'entends le bruit de sa fuite mais à aucun moment je ne le vois. Il m'entend, bien sûr, et court se cacher. Il se nourrit d'herbe et fait souvent le tour de son territoire, laissant ses marques sur son arbre à proximité d'une ancienne laie envahie de végétation.

Ma réserve de vivres tire à sa fin. Je dois rentrer. Dans les villages environnants, les habitants sont informés de la présence d'un « ours du domaine » du côté de Souche-Brûlée ; en cas d'incident, ils doivent aussitôt en faire part à l'administration.

24.

COUP DE FEU À L'AUBE

Je reste au domaine jusqu'au 6 juin dans l'attente de nouvelles de Yachka, mais rien ne vient. Rassuré, je pars pour Moscou en laissant mon adresse exacte à ma femme. On ne sait jamais. Le 8, je reçois un télégramme: « Reviens, Yachka tué brebis. » Le 9 au soir, je suis déjà de retour. On me dit les détails. Un villageois de Yasnovitsy (à l'orée du bois) a vu un petit ours. Il a pensé: « C'est lui. » Quelqu'un a déposé une galette et du pain à l'endroit où il s'était montré. Le lendemain matin – on se lève tôt à la campagne –, Yachka (car c'était bien lui) n'a pas hésité à sortir du bois pour recueillir le pain qu'on lui avait jeté. À 8 heures, les villageois partis, il a escaladé une clôture de pieux pour déambuler dans l'allée centrale de Yasnovitsy (le village ne compte que six isbas). Mais une brebis, mère de trois agneaux, l'a repéré et attaqué comme si c'était un chien. Yachka s'est défilé vers les bois. Voyant cela, le maître de la brebis s'est mis à crier. Yachka n'avait pas encore atteint la clôture que la brebis est revenue à la charge. Cette fois l'ours l'a saisie par la gueule à l'encolure et, la patte gauche cramponnée au museau de la bête, lui a tordu le cou d'un mouvement sec. L'autre est tombée raide, et Yachka s'est plongé dans l'antre de la forêt. Les villageois ont pensé que l'heure était grave, et ont averti immédiatement l'administration de la réserve.

Je me rends sur les lieux sans plus tarder. Il est toujours dans les parages, c'est sûr. Je ratisse le bois et ne cesse de tomber sur ses traces. Partout je trouve des herbes à demi mangées, et même un carré d'*Ægopodium podagraria L.* tant piétiné qu'un troupeau entier semble y avoir pâturé. Souches et monticules portent les marques de ses griffes : l'ours y a cherché des insectes. Sous d'épais sapins, je découvre quelques-unes de ses litières, faites de feuilles et de ramuscules. D'abord, toutes mes tentatives d'entrer en contact avec lui échouent. Mais bientôt je découvre que nous sommes sur les traces l'un de l'autre. Assis sur une souche, j'attends sans un souffle. Au bout de deux minutes, l'ours arrive sur ma piste, le nez à terre, éventant bruyamment mes empreintes. De la manière la plus douce qui soit, j'émets un signal sonore. Yachka stoppe net, médusé, et me darde de ses petits yeux. Je me lève lentement et m'écarte, laissant sur la souche un bout de pain humecté de lait concentré. Yachka s'approche, méfiant, et prend le pain. Il me regarde, puis vient poser le nez sur mes habits, façon à lui de réclamer. Je lui mets à la bouche un autre morceau et, certain qu'il me suivra, m'éloigne d'un pas ferme. Nous avons déjà fait 6 kilomètres quand Yachka, qui marche sur mes talons, grogne et, d'un bond, disparaît dans la forêt. Intrigué, je n'ai aucune peine à le pister sur l'herbe fraîche. Je le retrouve perché sur un tremble un kilomètre et demi plus loin.

Il rechigne à descendre mais s'y résout en soupirant, et lèche avec délectation la baguette humectée de lait que je lui tends. La paix est restaurée. Nous pouvons continuer. Cette fois, pourtant, je ne parviendrai pas à le ramener au village.

Plus de doute, Yachka a senti la trace d'un ours et a pris peur. Je choisis donc, quitte à nous rallonger, d'emprunter une laie lointaine où il n'y a point d'ours : les plantigrades sont en rut et, si nous coupons à travers bois comme à notre habitude, nous tomberons sur le territoire d'un mâle dont j'ai vu les marques, les traces et les excréments. Mais décidément, ce n'est pas mon jour. Trois kilomètres plus loin, je mets le pied dans une large piste d'ours comme il n'en existe qu'à la saison des noces. Je comprends que tous mes plans sont fichus. L'instant d'après, en effet, Yachka détale à toute allure. Impossible cette fois de le retrouver. Parfois, je brûle. Mais je crois qu'il cherche à m'éviter : dès que j'approche (je l'entends renâcler), il me fait savoir par un craquement de branche qu'on ne lui refera pas le coup du lait concentré.

Maintenant qu'il ne craint plus les hommes, je ne peux pas le laisser libre dans la forêt. Épuisé et crotté, j'atteins le village de Khmelevka où il y a un téléphone. Je demande des renforts au domaine : mon fils, des chiens et du matériel de capture. Mon fils arrive deux heures plus tard avec deux laïkas qui tirent sur leur laisse, un filet à grosses mailles et une corde solide. Il y a longtemps que j'ai fabriqué ce filet et que je le tiens en réserve. Nous ne possédons pas encore de produits paralysants et plaçons tous nos espoirs dans ce vieux procédé qui a fait ses preuves : la tête et les pattes de l'ours s'empêtrent instantanément dans les grosses mailles de nylon.

C'est alors qu'une véritable tempête éclate. Le ciel se couvre de nuages de plomb qui se crèvent en pluie. De violentes rafales de vent la transforment en embruns cinglants. Nous mettons les chiens sur la trace de l'ours. Ils s'y accrochent si fort que nous avons de la peine à tenir les laisses. Ils s'emmêlent souvent dans les fourrés. Nous devons alors nous arrêter, les calmer, détortiller les laisses. Tout cela prend du temps. Nous n'avançons guère. Je décide de les lâcher. Se sentant désentravés, ils plongent dans la forêt et disparaissent. Nous attendons longtemps qu'ils se mettent à aboyer. Nous sommes trempés jusqu'à l'os, le vent nous fouette le visage et s'engouffre dans les plis de nos vêtements en crevant les dernières poches de chaleur, mais les chiens n'aboient toujours pas. Maintenant, c'est clair : ils ont traqué l'ours sur un arbre, loin d'ici, et « s'éclaircissent » la voix de tout leur soûl. Après tant de jours moroses passés au chenil, ils s'en donnent à cœur joie. En vain essayons-nous de distinguer leurs aboiements absorbés par l'inquiétante cacophonie de la tempête. Parfois, il nous semble les entendre. Nous marchons alors dans leur direction. Un kilomètre, puis deux. L'aboiement ne se rapproche pas, on dirait plutôt qu'il se déplace. Nous changeons de direction, marchons, mais ne trouvons rien. Un vrai tourniquet. La forêt se joue de nous. Elle produit au gré du vent des gammes illimitées de sons dans lesquels, à bien tendre l'oreille, je pourrais reconnaître le cri de tous les animaux de la terre !

En désespoir de cause, nous nous cachons sous l'épaisse ramure d'un sapin et faisons un feu qui crache, mais qui réchauffe au moins les doigts. Il ne nous reste plus qu'à attendre le retour des chiens : à cette saison, ils ne peuvent être laissés dans les bois sans surveillance. Ils accourent enfin au bout de trois heures, joyeux comme tout, la langue pendant jusqu'à terre. Nous les mettons en laisse et marchons clopin-clopant sur nos jambes engourdies en direction de Yasnovitsy. Nous frappons à la porte du garde forestier, chez qui nous trouvons tant bien que mal de quoi nous changer. Nos habits sécheront sur un poêle de faïence. Mon fils grimpe sur le poêle russe et s'endort aussitôt. Quant à moi, je m'installe à la fenêtre et contemple l'enclos à bestiaux du village à travers un rideau de pluie. Si Yachka vient à Yasnovitsy, il fera des ravages dans cet enclos. En remâchant les événements de la journée, je comprends que l'ours ne fera aucun compromis et ne se laissera plus enfermer dans sa cage. Un seul espoir : les chiens et le filet de capture. Mais les choses vont prendre une autre tournure.

Aujourd'hui, Yachka ne s'est pas montré à Yasnovitsy. Les chiens ont dû lui en faire voir, il s'est retiré dans un coin de la forêt. Dans la nuit, je sors plusieurs fois de l'isba pour tendre l'oreille. Le vent et la pluie ont cessé, qui ont bien lavé l'air. J'entends un chien aboyer au village voisin, une chouette chuinter, un rossignol chanter de sa voix pure derrière l'enclos. Mais l'inquiétude me taraude. L'ours, qui a perdu son instinct de peur face à l'homme, a pu faire un massacre dans un autre village. Déjà, dans la soirée, les quelques habitants de Yasnovitsy (tous âgés) se sont réunis dans l'isba qui m'abrite, ayant appris que « l'homme aux ours » était là. Ils ont tenu des propos peu flatteurs sur ma personne et sur les ours en général. Il y avait parmi les frondeurs le propriétaire de la brebis saignée par Yachka, auquel il me faudra céder une bonne partie de ma paie à titre de dédommagement. Il faut s'attendre à d'autres dégâts, et je mesure les maigres capacités de mon budget familial. À l'aube, alors que je m'apprête enfin à m'assoupir sur un banc près du poêle, j'entends la porte d'entrée claquer. Une voix stridente de femme aux intonations larmoyantes pousse des lamentations. De ce moulin à paroles, je retiens que Yachka vient de faire un vrai carnage : une truie… toute sa portée… à la veille d'être vendues au marché… les ruches dans le jardin… une brebis… Je me chausse comme je peux. Sous les vociférations de la mémé, je me précipite à l'air libre en approvisionnant mon bon vieux .45 d'une balle unique.

Dans les ténèbres humides de l'aurore, je surprends la scène que voici, à jamais gravée dans ma mémoire : Yachka trotte à travers le pré, talonné par une brebis. Derrière la brebis galope une vache, cornes en garde, naseaux gonflés. La ribambelle est fermée par un vieillard sec qui s'égosille en arborant une fourche d'un air belliqueux. Les choses vont mal tourner. Yachka, je n'en doute pas, saura se défendre. Mais je ne donne pas cher de ses poursuivants, et j'évalue déjà les retombées du drame sur le devenir de la réserve et sur mon sort en particulier. La décision m'est venue instantanément. Me plaçant de manière à n'avoir ni maisons ni hommes en face de moi, je lève le canon de mon fusil et touche Yachka en plein cœur. Surpris, l'ours dresse la tête puis, le regard chavirant, tombe raide mort. Je disperse ses poursuivants et traîne son corps dans une grange que je ferme à clé. Enfin, je me laisse choir sur une dalle en granit. Les gens, excités, restent quelque temps à commenter l'événement, à parler, à me crier des choses. Puis ils se dispersent en jetant des regards inquiets dans ma direction…

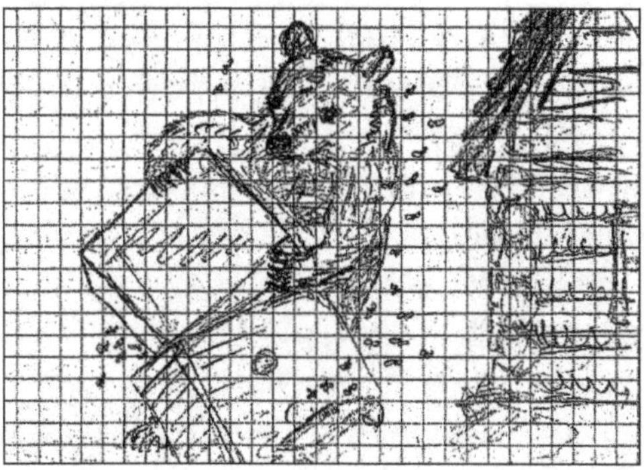

Yachka dévastant une ruche.

Le temps passe. J'apprends comment les choses se sont passées. Yachka a tenté de pénétrer dans une porcherie. Il avait déjà creusé un trou sous le mur et déblayé les planches pourries de la cabane quand la paysanne, alertée par le bruit, est accourue. Elle l'a chassé avec force cris. Le danger passé, l'ours a contourné l'isba, s'est glissé dans le jardin et a dévasté les ruches en arrachant quelques couvercles et en dérobant des rayons de miel. Mais il faut croire que les abeilles, malgré l'heure nocturne, ont riposté énergiquement car l'autre est reparti bredouille. À l'aube, l'ours en furie a pénétré dans l'enclos et s'en est pris à une brebis. Des gens l'ont vu, ils ont crié. Yachka a voulu fuir vers la forêt. Passive au début, la brebis est passée à l'attaque, soutenue bientôt par une vache puis par un vieil homme. Le dénouement fut dramatique… Je suis sidéré par l'entêtement de Yachka, par son mépris du danger, son sentiment d'impunité. Une véritable opiniâtreté d'ours mêlée à la détermination effrénée d'un pillard.

C'est ainsi, sur une note bien tragique, que s'est achevée notre première tentative de rendre à la vie sauvage des ours passés par les mains de l'homme. Yachka avait tout pour vivre comme les autres ours, mais il n'a pas su réprimer son désir de proie facile dès que sa peur de l'homme est tombée.

Le temps allant, je parviens à reconstituer les péripéties qui ont jalonné sa période solitaire. Vers la fin du mois de mai, un ours s'est montré à Souche-Brûlée, aux pattes à peine plus grosses que celles de Yachka : il devait avoir un ou deux ans de plus. L'intrus a longtemps pisté Yachka pour le jauger, comme en témoignent ses reposées à la périphérie du territoire. Puis il est passé à l'attaque avec l'intention manifeste d'en découdre. Yachka, évidemment, a pris la fuite et s'est sauvé sur un arbre. Un tremble a gardé d'innombrables traces de ses griffures : l'animal a dû s'y réfugier souvent. Dès que Yachka descendait de son perchoir, l'autre revenait à la charge, et ainsi de suite. La saison du rut a commencé, une période de délimitation implacable du territoire, une période de lutte décisive pour la propagation de l'espèce, une période qui donne toujours raison au plus fort. Yachka n'a pas tenu la concurrence. Il s'est rapproché des hommes, vers le village de Yasnovitsy près duquel il a vécu plusieurs jours avant d'oser se montrer. Il y a reçu un accueil bon enfant. Des villageois lui ont jeté du pain, un geste fatidique, décisif pour la suite. L'ours a passé les bornes et s'est livré au saccage, ce qui lui a valu d'être tué. Ainsi s'achèvent nombre de tentatives de remise en liberté.

La perte de Yachka me laisse un arrière-goût d'amertume : nous avions tant fait ensemble... Reste le bonheur des journées magnifiques que ces bêtes étonnantes m'ont fait vivre. J'espère que l'ours brun gardera toute sa place. Dans les contes russes, bien sûr, mais aussi parmi nous.

перебегают дорогу!
остановились.

ÉPILOGUE

Quand je me suis lancé dans ce programme, la question du retour à la vie sauvage des oursons orphelins n'était pas à l'ordre du jour. Il s'agissait seulement d'une étude éthologique de l'ours brun: la formation et la structure de son comportement. Mais le désir m'a pris, et ne m'a plus quitté, d'apprendre à rendre l'ours à la nature. Cette idée est devenue une obsession.

Il fallait du temps, de l'expérience. Je continuais de courir les bois avec des oursons auxquels je servais de mère, laissant pour longtemps le confort et la vie des hommes. Ma femme, elle aussi chercheur à la réserve, m'apportait sa complicité sans faille. Nous avons accumulé une foule de données. Le comportement alimentaire de l'ourson s'élabore sans apprentissage auprès de la mère ourse. À partir de 6 mois, il est capable de parer aux nombreux dangers de la vie sauvage en se cachant dans les fourrés ou en grimpant aux arbres. À 6 ou 7 mois, il peut vivre en solitaire dans la forêt avec une grande capacité de survie, à condition qu'il se soit frotté régulièrement à l'environnement naturel.

Parallèlement, nous n'avons jamais cessé d'analyser les signes d'activité de l'ours brun : empreintes, tanières, reposées, détritus végétaux et animaux, lieux de chasse à l'élan, aux sangliers et aux animaux domestiques… toujours à l'affût du moindre indice. Nous avons pu dresser de véritables fiches d'identité spécimen par spécimen. Conclusion, le comportement des ours est marqué du sceau de l'individualité. L'animal fait preuve d'une faculté notable d'adaptation à l'environnement, avec tout un éventail de différences liées à la personnalité de chacun. En même temps, il observe des modes de comportement stéréotypés (figés) dans les situations clés : alimentaires, défensives, sociales, sexuelles, familiales. Chez les oursons à peine sevrés, les signes d'individualité sont quasi absents et ne se révèlent qu'avec l'âge. Un exemple. Chez les adultes, on observe à conditions égales une multitude de différences : choix des fourrages végétaux, mode de poursuite et de chasse des bêtes à sabots, construction de la tanière, usage des pistes, méthode de déplacement, etc. ; chez les oursons, en revanche, ces paramètres ne varient pas. Les ours jeunes qui entrent dans la vie adulte (et solitaire) possèdent des formes figées de comportement. Mais, avec le temps, au contact d'un environnement naturel rude et parfois impitoyable, leur comportement s'enrichit de composantes acquises, c'est-à-dire apprises. L'ourson acquiert donc de nouvelles facultés d'adaptation à mesure qu'il grandit. Conséquence : un spécimen bien préparé peut être lâché dans des milieux naturels différents.

Chaque année apporte son lot d'oursons orphelins. En général, ils sont pris à la tanière pendant la chasse hivernale.

En Russie, la « chasse à la tanière » se pratique depuis la nuit des temps. Elle a ses rites et ses traditions. À ce jour, elle ne cause aucune nuisance particulière à l'espèce dont les effectifs restent nombreux sur le territoire national. Quant à savoir qui se cache au fond de la tanière (un mâle ou une femelle), ce n'est pas là une tâche facile et les chasseurs ne s'en soucient guère. Il arrive parfois que des oursons soient recueillis par des bûcherons après que leur mère, effrayée par le bruit de la coupe, a quitté la tanière. Elle ne reviendra plus et sa portée mourra gelée si personne ne la récupère. Le plus souvent, elle est signalée à la Direction de la chasse. Les bébés ours sont vivaces mais la maladresse des hommes les fait parfois crever. S'ils survivent, leurs propriétaires essaient de les revendre à des gens du cirque. En cas de refus, ils les gardent chez eux autant qu'ils le peuvent. Mais à 6 mois, le petit ourson mignon, drôle et bon, devient un véritable brigand despotique qui requiert des soins et de l'attention. Les zoos ne prennent pas les ours : il y en a trop. Nul ne demande aux propriétaires où sont passés leurs oursons si encombrants…

Nous savions désormais que, pour revenir à la vie sauvage, les oursons devaient posséder deux qualités essentielles : la faculté de se nourrir de végétaux et la peur instinctive de l'homme. Cette dernière ne pouvait être préservée chez l'ourson qu'en l'absence de tout contact avec les humains. Je passais des mois et des mois à errer dans la forêt avec les bébés ours orphelins que je récupérais. Je les observais. Mais pour les initier à la vie naturelle sans les accoutumer à l'homme, il fallait vivre seul avec eux en permanence. Je n'avais ni l'intention ni la possibilité de me transformer *ad vitam æternam* en vagabond des bois solitaire. Il y avait une autre solution, qui consistait à déménager dans un lieu inhabité où les oursons jouissent de leur entière liberté sans être gênés par les hommes durant les premiers mois de leur vie. Ma femme et moi avons donc envisagé de quitter le domaine pour un village abandonné comme il y en avait beaucoup alentour depuis dix ou vingt ans. Mais notre programme requérait certaines conditions bien précises : il fallait une piste d'accès, de l'électricité, des moyens de transport, un téléphone. Pendant trois ans, durant lesquels la nature sauvage nous a ouvert grandes ses portes, nous avons vécu à Goulnevo, à 30 kilomètres du village de Zapovedny. Nous y avons préparé et lâché deux oursons, avec un succès mitigé. Lâchés en juillet, ils sont allés pâturer dans l'airelle à l'automne. C'était dans un marécage fréquenté par des cueilleurs de baies qui avaient la manie de laisser derrière eux toutes sortes de restes alimentaires : détritus d'œufs, pain, viande de poulet, etc. Les oursons y ont pris goût. Un jour, ils ont poussé l'audace jusqu'à s'approcher d'un couple qui, tout absorbé à sa cueillette, n'a rien vu venir. Soudain, un cri désespéré de femme a déchiré l'air au-dessus du marécage. La dame venait de voir un ourson à portée de la main. C'était la première fois de sa vie, et elle avait pris peur. Étourdi par le cri, son mari s'est retourné. Les deux oursons pétrifiés n'ont pu s'enfuir. Un coup violent de bidon plein d'airelles a tué l'un des oursons sur le coup. Le second a réussi à se sauver, emportant à tout jamais le souvenir du drame. Deux ans plus tard, il a été vu par Valentin Gouliaïev, garde-chasse de la réserve, un homme né dans les bois. C'était bien mon ours : une marque rouge à l'oreille droite.

Nous cherchions toujours un lieu plus approprié où vivre et travailler jusqu'à la fin de notre vie. Le directeur de la réserve a mis voiture et carburant à notre disposition. La première virée n'a rien donné. Nous avons passé plusieurs saisons à rouler par les chemins, à détailler les cartes, à interroger les villageois. Nous courions les forêts, examinions les traces d'ours, compulsions les archives des coopératives sylvicoles… et ce jusqu'à ce jour de 1985 où nous avons jeté notre dévolu sur le village abandonné de Boubonitsy. Deux vieillards natifs de l'endroit y finissaient leur vie.

Vassili Stépanovitch et Maria Fédorovna portaient le même nom de famille, comme souvent, jadis, dans les villages de Russie. Notre installation fut pour eux un bonheur auquel ils osaient à peine croire. Ils nous aidaient joyeusement à décharger notre modeste bric-à-brac. Vassili Stépanovitch venait nous voir tous les jours. Octogénaire alerte, grand de taille, vif d'esprit, les yeux éclairés d'un zeste de malice, il souffrait beaucoup de sa solitude.

La vieille isba où nous avons emménagé avait besoin de travaux. Nos collègues du service scientifique de la réserve sont venus nous prêter main-forte bien qu'ils nous considérassent comme fous d'abandonner une maison confortable pour un trou pareil. Le chantier allait grand train. Nous avons démantelé le vieux poêle russe, qui occupait la moitié de la baraque, pour en maçonner un autre assorti d'une cuisinière et d'une cheminée. L'intérieur fut revêtu de planches de sapin frais. Le vieux Vassili s'est révélé un fameux bricoleur. Il commençait à croire au sérieux de nos intentions.

Plusieurs années ont passé dans la meilleure entente avec les deux villageois. Ils avaient eu la vie rude mais n'en gardaient pas moins le cœur bon, généreux, heureux du peu qu'il leur restait. C'étaient les gardiens des vieilles traditions du village, ils employaient souvent des mots anciens, aimaient les bois, les champs, la terre. Ne reste d'eux que la mémoire.

Boubonitsy est un village merveilleux, avec sa forêt, ses ruisseaux, ses lacs. L'isolement nous réjouissait. Nous pouvions travailler avec les ours sans craindre les intrus. Seul problème, l'absence de moyen de transport à 60 kilomètres de la ville la plus proche, et à 150 kilomètres du siège administratif de la réserve. Nous avons emprunté autant d'argent que possible pour acheter la voiture la moins chère, une antique Zaporojets. Trois années durant, elle nous a dépannés en vrombissant dans les eaux printanières ou en perçant les congères. Mais, une fois sur la grand-route, à seulement 2 kilomètres du village, nous pouvions aller n'importe où, même à Moscou. Puis la réserve nous a octroyé une camionnette tout-terrain, et nous n'avons plus connu de problème de transport. Aujourd'hui, la piste est carrossable été comme hiver.

Une fois le matériel acquis, nous avons pu nous consacrer aux oursons. Nous-mêmes avons été surpris d'en recueillir autant, et de tous les âges, qu'on nous apportait des quatre coins de notre région. Sans notre programme, ils étaient promis à la mort ou à la captivité. Jusqu'à l'âge de 2 mois, nous les élevions en laboratoire, avec un système de chauffage approprié, puis les transférions dans une niche-tanière aménagée. Il fallait exclure au maximum les contacts avec les hommes. Ne pas parler, ne pas jouer, ne pas les toucher... Au bout de quelque temps, nous étions au point : nous avions appris à élever des oursons parfaitement aptes à la survie en milieu naturel. En dix ans, nous avons rendu plus de trente oursons à la vie sauvage.

Mon fils est venu s'installer au village, avec sa femme et ses enfants. Ce n'était pas une mince affaire que de les transporter tous les jours à l'école, à 7 kilomètres de là. Mais leur présence nous remplissait d'optimisme.

Le travail avançait, avec son lot de succès et de revers. J'ai soutenu ma thèse de doctorat sans presque m'en rendre compte. Des journalistes et des équipes de tournage de la télévision ont afflué. Il y a eu aussi des cars d'écoliers, avec leurs maîtres. S'ils repartent avec un peu de notre amour pour la nature, c'est que nous ne sommes pas là pour rien.

Il nous a fallu vingt ans pour élucider le mystère du retour des ours à la nature. Des années heureuses pour notre famille. C'est un bonheur de rendre à la forêt ses trésors vivants : des oursons devenus orphelins par la faute ou par l'ignorance des hommes, et condamnés à mourir ou à languir en cage.

En 1996, nous avons entamé un nouveau programme de repeuplement de la forêt de Briansk en ours bruns.

Elle s'étire sur des dizaines de kilomètres. Dans un passé encore récent, elle comptait une centaine d'ours ; aujourd'hui, moins d'une dizaine. Son repeuplement naturel est impossible en raison des vastes étendues déboisées qui l'entourent. La première année, nous avons lâché cinq oursons dans cette forêt, tout récemment décrétée Réserve de Briansk. Avec succès. En 1997, nous en avons lâché trois autres reçus du zoo de Kazan. La nouvelle ménagerie, que nous avons construite avec le soutien financier de plusieurs fondations, nous a permis de préparer des oursons parfaitement sauvages, très craintifs à l'égard des hommes et sachant se nourrir et s'abriter dans la forêt. Désormais, même les oursons nés dans les parcs zoologiques se prêtent à notre méthode, en quoi les collaborateurs du zoo de Kazan nous ont beaucoup aidés : deux oursons en 1994, trois en 1997, et cinq remises en liberté réussies. La plupart des oursons que nous avons « formés » mènent désormais une vie d'ours, pleine de dangers et d'imprévus, certes, mais qu'aucune de ces bêtes fières n'échangerait de son plein gré contre un croûton de pain en cage.

Encore un mot. Nos efforts ont été soutenus par diverses fondations : RFFI (Russie), J. D. & K. T. MacArthur (États-Unis), IBF (Pays-Bas), IFAW (États-Unis), l'Institut d'anatomie (Zurich, Suisse), Inkombank (Russie), Free the Bears Fund (Australie) et l'administration régionale de Tver. Grâces leur soient rendues.

TABLE

COLLECTION

« NATURE NOMADE »

1. Florence Debove, *Bergère* (2021, 4e éd. 2023)
2. Marie-Lazarine Poulle, *Un hiver de coyote* (2021)
3. Gérard Janichon, *L'Initiation* (2021)
4. Valentin Pajetnov, *Avec les ours* (2023)
5. Tchinguiz Aïtmatov, *Adieu Goulsary* (2023)

« Nature nomade » est aussi le nom
du festival annuel dédié aux grands espaces
créé par la librairie La Géothèque à Nantes.

AVEC LES OURS

A ÉTÉ COMPOSÉ EN PALATINO ET EN BARLOW CONDENSED. IMPRIMÉ SUR MUNKEN PRINT CREAM, IL EST SORTI DES PRESSES DE LA NOUVELLE IMPRIMERIE LABALLERY À CLAMECY, DANS LA NIÈVRE, POUR LE COMPTE DES ÉDITIONS TRANSBORÉAL EN AOÛT DEUX MILLE VINGT-TROIS.

COMPOSÉ ET IMPRIMÉ EN FRANCE

FR

NUMÉRO D'IMPRESSION : 305113